直球で伝える事業承継

篠﨑仁史
Hitoshi Shinozaki

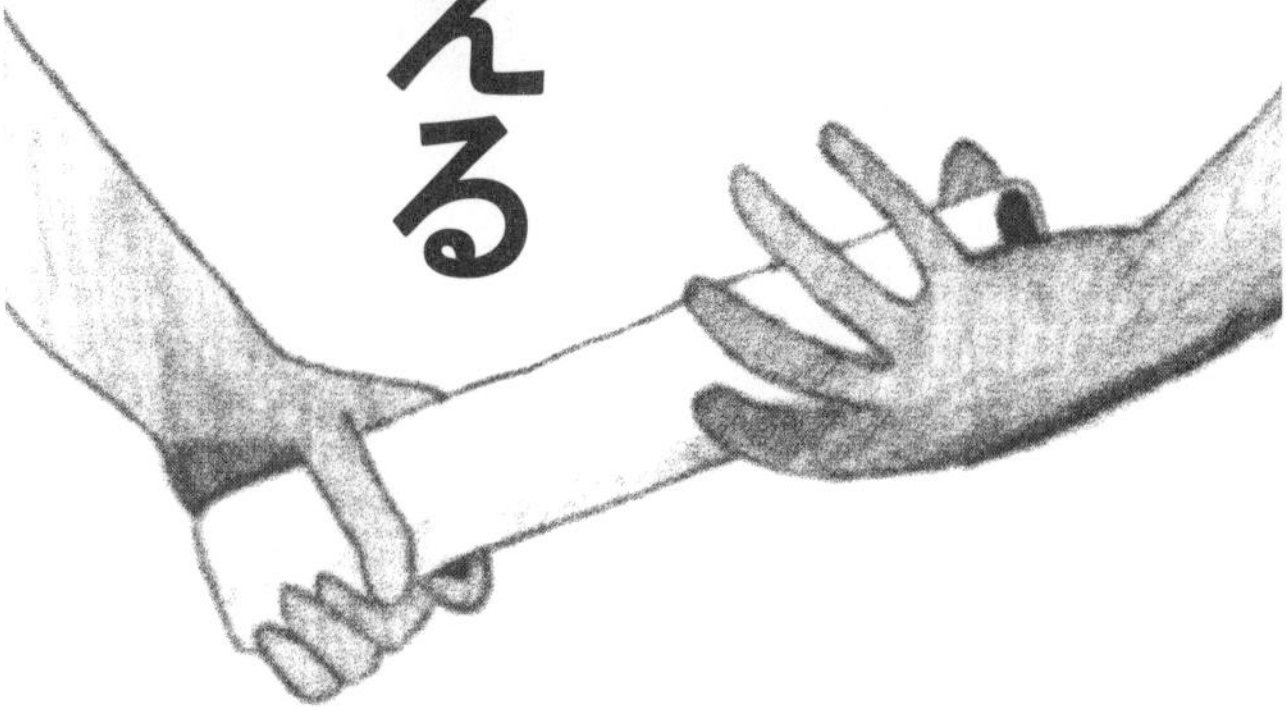

次世代へつなぐ
"穏やかな引き継ぎ"

桜山社
SAKURAYAMA SHA

はじめに

本書は私が家業である医療法人の事業承継を実際に経験し、その経験をもとにこれから世代交代を迎える経営者および後継者の方、または組織の中でのリーダーから後任者への引き継ぎなど、そこに生じる様々な「壁」を乗り越えていただくための一助になればとの思いで書きました。

世の中には自己啓発本やコンサルティングといった類の書籍が多数存在します。そのような書籍を手に取る方は、自分に迷いや行き詰まりを感じ、それまでの状況を打開したいという想いからでしょう。ところがいくら本を読んでも「何かしっくりこない」とか「結局自分には役に立たなかった」、さらには「結局自分にとっての最良の答えが見えてこない」と感じられた方も多いのではないでしょうか。何より私自身がそのように感じていました。

世の中にたくさんの素晴らしい本が存在するのに、なぜ自分には合わないのか？・・・それは「本当のところ、実際はどうなのか？」という実態にまで踏み込んだ本音の内容が書かれていないように思ったからです。

事業承継や世代交代という状況は生涯で何度も経験できるわけではなく、しかもプライベートかつデリケートな部分など、本音では語りにくい場面に幾度となく出くわします。そこで私自身が実際に体験した事業承継の「実態」や「流れ」、そして無事に世代交代に至るまでに感じた苦悩を「直球」で語り、同じ悩みを抱いている多くの方に共感していただき、事業承継や世代交代を円滑に進めていただければと強く感じています。これまでに事業承継や世代交代関連のいろいろな本を読まれて「結局どうすればよいのか？」と疑問を感じられた方は是非ご一読願えればと思います。

本書の対象となるのは「今後世代交代を迎える現経営者」と「後継者またはその予定者」が該当します。本書では上場企業等の大企業は想定していませんが、大企業でも同族経営であれば基本的な内容は十分に参考になるはずです。

事業承継や世代交代において、経営者と後継者との間で意見が合わず「ケンカ」になってしまうのはある意味当たり前です。経営者と後継者が親子関係であった場合、親子だからといって必ずしも両者の意見が合う訳ではなく、むしろ「合わない」のが普通です。無理に双方の価値観を合わせようとせずに「合わないくらいが普通」と考えたほうが精神的にも楽だと思います。「合わない」場合でも「少しのコツ」を理解するだけでずっと合わせやすくなります。今まさに事業承継や世代交代で悩んでいる親子関係あるいは上司部下の関係が、本書を通じで少しでも歩み寄ることができ、円滑にバトンタッチが進むことを願っています。

本書ではなるべく臨場感をもって「本音」と「事実」を語るようにしました。「本音」

で語ると場合によっては失礼な表現や独断的要素も含まれていますので、内容によっては反論や批判があると思います。至らぬ点も多々あるかと思いますので是非ご教示いただければ幸いです。

さらに本書は、スマホ世代で読書に慣れていない次世代後継者が「読みバテ」しないように「読みやすさ」にも配慮し、闇雲にページ数を増やすことを極力避けました。先に述べましたように「本音」で語る部分も多いため、読み進める中で腑に落ちない点も出てくると思います。まずは一度読み流していただき全体像を理解した後に、個々の気になる部分を再度読み直してみてください。特に事業承継と大いに関連する「相続」や「贈与」については、私自身が実際に国税局の相続税務調査を経験した事実にもとづき、一般的に「グレーゾーン」と称してははっきりした返答が得られない部分についても、私の実体験から「正解」または「正解に近い解答」をお伝えできると自負しております。

昔からよく「血は争えない」と言われます。特に親子間での事業承継は一時的には「争う」（正確には「考え方が合わない」）ことがあっても、時間が経てば「血は争えない」という意味を理解できるようになります。

「事業承継のタイミングを決められない経営者」と「事業を受け継ぐ覚悟が整わな

い後継者」との間で、ここで紹介する私の経験と実績が円滑な事業承継すなわち「次世代への架け橋」として、少しでもお役に立つことができればこのうえない喜びです。

直球で伝える事業承継　次世代へつなぐ〝穏やかな引き継ぎ〟　目次

第2幕　ガンコ親父と偏屈息子のための「承継前後の10年」……47

第4幕　事業承継の実際……99

第1幕　バトンタッチの「いろは」

（事業承継の概要）

第1幕では「バトンタッチのいろは」として、はじめに事業承継の「全体像」を語ります。ふだんあまり気にしない「承継」と「継承」の違いや、世襲の是非を含めた事業承継の中身、もし事業承継がなされなかったら家業や従業員はどうなるのか、といった内容になります。

次に実際の事業承継に大切な「事業承継のタイミング」について考えていきましょう。次世代へつないでいきたいと思っていながら、自分自身では承継時期を決められない経営者はどのような心境なのか。一方で受け継ぐ側の後継者の心境を経営者は理解しているのか。さらには事業承継のタイミングや内容によっては世襲ではなく他者の方が望ましい場合もあるなど、事業承継の多様性にまつわる話題について触れます。

加えて、事業承継と密接に関係する「贈与と相続」の注意点の話をします。贈与と相続に関しては金融機関や会計事務所などが「わたしたちに任せてください！」と豪語する割には、実務的な注意点などを、正確に理解していないことが多いです。この部分については私の実体験をもとに「事実と正解」を導いていきたいと思います。

１　事業承継とは何か？

「承継」と「継承」の違い

『広辞苑』によれば、「承継」とは「地位や精神、事業を受け継ぐこと」であり、「継承」とは「前代の人の身分や権利、財産を受け継ぐこと」と説明されています。家業（事業）を継ぐ場合を「事業承継」と呼ぶのが一般的であり、通常は「事業継承」とは表現しません。「事業承継」はあくまでも慣例的な表現であり、両者を厳密に使い分けていることはあまりありません。

定説的な見解ではないようですが、両者を区別するためのひとつの考え方としては、「承継」を「承って継ぐ」とすると、その意味は「（先代から）渡されたものをいったん受け入れて、その後で自分のものに変えていく」と捉え、同様に「継承」を「受け継いでから承る」とすると、その意味は「自身の中に受け入れる前にまず引き継ぎ、その後で腹に落とし込む」といったように解釈することができるでしょう。

実際に事業（家業）を継ぐ場合には、まず地位としての代表者交代と、事業にまつわる財産の譲渡（法人の株式や不動産、資金等）が必要となります。そのような視点からは事業の引き継ぎは「継承」と表現したほうが妥当です。

以上のように事業承継においては、「代表者交代」すなわち承継と、「財産譲渡」すなわち継承が必要条件となります。

「何を」、「誰が」受け継ぐのか？

事業承継には「代表者交代」と「財産譲渡」が密接に関連します。先代の財産のうち事業以外の「個人的な」財産については、生前であれば「贈与」で、没後であれば「相続」という形で引き継がれるのが一般的です。

家族経営の場合、先代経営者に属する財産のうち事業関連財産の占める割合が多いと、事業承継の際には後継者が集中的に財産を受け継ぐこととなり、感覚的にもかなり不均衡な財産分割となってしまう場合があります。この「不均衡分割の整合性」についても後で詳しく述べますが、事業承継の場合は「何を、誰が受け継ぐのか」を予め計画的に決めておくと、先代経営者が急に亡くなるなど有事の場合の事業承継の際には手続きを円滑に進められます。理屈的には「計画的に行うのが理想」と言えるのですが、実際には計画的に進みにくいことが多く、この点も事業承継を考えている現経営者の悩みの種となります。

「誰が」事業を承継するのかについても様々な意見があります。個人事業や親族で経営している場合は、一般的には親族間、すなわち「世襲」で事業承継がなされます。世襲の是非については二代目、三代目の国会議員の話題がよく取り上げられますが、特に個人事業の事業承継においては、一般的には世襲による事業承継のほうが円滑に進みます。

事業承継がなされなかったら?

親族にせよ他者にせよ、事業承継がなされなければ、基本的には家業を「閉店」（清算）するか、もしくは「身売り」（売却・譲渡）となります。

事業を清算する場合は、大まかに言えば事業の残余財産から負債を除いた分が出資者に返還、または事業形態（法人等）により国に返還する形になります。一方、事業譲渡する場合は「株価」や「のれん代」を目安とした、売却時の企業価値による売買がなされます。

事業承継がなされなかった際に問題となるのは、多くの従業員を抱えている場合です。清算の場合は、あらかじめ社内規定などがあれば功労一時金（退職金）を支払って解散していただくこととなります。事業譲渡の場合は、譲受する側への吸収合併なのか、あるいは別会社としての譲渡なのか、などの条件により、残される従業員への待遇が変わってきます。そのため従業員と併せて事業譲渡する場合は注意が必要です。

参考までに、事業譲渡や会社吸収合併などのように事業組織そのものが移動することを「組織変動」と言いますが、組織変動に関連する労働関係の詳細については法律学の「労働法学」などをご参照願います（ちなみに「労働法」という法律は無い）。

2　事業承継のタイミング

事業承継の時期を決められない経営者　―男は土壇場で弱い！―

本書における「経営者」と「後継者」は一般的によくある「親」から「子息」の事業承継を想定していますが、もちろん家族以外の親戚へ、あるいは親族以外への第三者への承継といったケースにも当てはまる内容です。「親子」に該当しない場合はそのように置き換えて連想してください。

「事業承継の時期を決められない経営者」という内容については、私の父親も例外ではなく、父親自身では決められない状況が長年続きました。同様に私の周囲でも多くの経営者、特に創業経営者は自分の「引き際」を自身で決めることがなかなかできません。引き継ぐ側の後継者の立場からすれば「なぜ自分の引き際を自分で決められないのか？」という疑問が湧き、私も同様に感じていました。ところが立場が変わり、今後は自分が経営者としていずれ次世代にバトンタッチする立場になると「確かに自分の引き際を自分だけで決めることはなかなか難しい」と実感しています。

ではなぜ自身の「引き際」を決められないのか、あるいは自身で決めることは難しいのか？

私なりの一つの視点として述べると、特に男性の経営者は、事業の大きな決断はできても、自分自身の重大な決断となるとなかなか決められないものです。「男」という生き物は自身の土壇場ではとても弱いもので、その点では明らかに女性のほうが強いという場面を何度も経験しました。

経営者からみて「まだまだ後継者には任せられない」という想いは、特に創業経営者なら永遠に抱き続けます。それが親子関係であればなおさら強いでしょう。このような経営者の考え方に「自分はいつになったら任せてもらえるのか？」という苛立ちを抱えながら、やがては家業を去って別の仕事に就いていったという経験のある後継者も意外に多くみえます。昔ほど家業を継ぐことに執着のない現代社会において、後継者は自分なりには頑張っているつもりでも、息子というだけでいつまでも「青二才」としか評価されなければ、当然ながら後継者としての士気も下がっていきます。仮に息子が家業を投げ出してしまっても「それならそれで構わない」と豪語して引かないガンコ親父も多く、特に昭和初期のガンコ親父気質の経営者の多くは「素直に家族に謝ることができない」のが普通です。

親から見ればわが子は永遠に「頼りない」と感じ、特に事業となるとなおさらその想いは強くなります。かといって周囲を見渡しても、他に頼れる人材が安易に存在するものではありません。結局は頼りないと感じながらも、いずれ後継者にバトンタッチしていかなければならないのです。

ではいつまで「頼りない」と感じるのか？　あるいはどれだけ経てば「任せられる」と感じられるようになるのか？

先に結論を述べれば、経営交代の最適な時期は、『後継者に経営交代した後、先代経営者が10年は元気でいられるとき』です。

言い換えると、経営者は実質的な経営交代後、後継者の「後ろ盾」として少なくとも5年、できれば交代後の10年は健康で元気に見守っていただきたい、ということです。ここに言う「10年」の間に後継者は「後ろ盾」が不要となる様々な経験を積んでいき、実質的な経営者として成長していきます。

双方の想いを〝調整〟する「メンター」の存在
―他人のほうが良い場合もある―

事業承継で悩む経営者や後継者にとって、よき相談役の存在はとても大切です。事業承継の専門的知識を持つコンサルタントも頼りになりますが、それ以上に自分の想いを理解していただき相談できる存在は大いに頼れます。

後継者にとって「頼れるメンター」は現経営者が理想です。親子間でなくても親戚など身内にメンターが存在すればとても有難いことです。理想的にはメンターは「内部事情が理解できる身内」が良いのですが、ときには第三者の方が身内のように、あるいは身内以上に自分の支えになってくれる場合もあります。私が家業に戻ってからしばらくの間、父親とともに家業を支えてくれていた顧問税理士が私の指導役でありメンターでしたので、とても頼りにしていました。そのような存在は「他人のほうが良い場合もある」と言えるでしょう。

ただ、身内以外の第三者を自身のメンターと考える場合に若干の注意点があります。この項で強調している、〃良い場合もある〃ということです。

これはどういう意味かというと、親族以外の他人をメンターとして頼りにする場合は、そのメンターをどれだけ信頼していても、100％頼りっぱなしという訳にはいかず、心のどこかで「所詮他人は信用できない」という割り切った考え方を意識しておかなければなりません。もちろん身内でも全面的に信頼できない場合もありますが、あまり深く考えすぎると「自分以外はすべて敵」となってしまうため、そのような極論は排除したうえで、他人をメンターとして慕う場合に「全幅の信頼を置く」ことには多少気をつける必要があります。

よくよく考えれば、余程のボランティア精神や立場的に余裕がなければ、誰もが自分のことで精一杯なのが普通です。それでも良き相談役になっていただければこの上ない喜びとなります。メンターや相談相手を疑うよりも「過度に期待しない」といった具合に心得ておいたほうが無難です。

先ほどの「自分以外は信用できない」という気持ちは誰でも少なからずあると思います。経営者など組織のリーダーになるとより疑心暗鬼が強くなります。しかし周囲を信用して進んでいかなければ、特に事業の場合は家族や一部の仲間だけではおのずと限界が見えてきます。

過度な他力本願は禁物ですが「ある程度は騙されても何とかなる」くらいの大らかな気持ちでメンターや仕事仲間を探すことができるように、普段から自身の「器」を広げておく努力も必要です。

「残されたら迷惑」の後継者の想い

家業を承継する場合の根幹として、経営者と後継者の「考え方の違い」は往々にしてその後の事業承継に影響を及ぼします。経営者の多くはわが子に継いでほしいと願っている割には、その考えを自分の口から直接後継者に伝えることは苦手です。「恥ずかしがり屋の経営者」と表現すれば聞こえも良いですが、前述しました「自身の重大な決断は自身で決められない」の如く、事業承継という大切な場面であっても経営者の多くは、自らが真髄を語ることを苦手としている、または敢えて避ける場合が多いです。

私の経験では、経営者が事業承継の意志を後継者に直に伝えられない理由には大きく分けて2つあると考えています。1つめは、経営者（特に創業経営者）が後継者に対して、全面的に事業を任せる「覚悟と決断」がなかなかできないこと、2つめには、経営者自身が自ら事業承継の意志を伝えた際に、後継者に承継を拒否された場合のことを過度に心配し、思うように説得できない、ということです。

では多くの経営者はどのような手段で自身の考えを後継者に伝えようとするかというと、まさに「迂回ルート」の如く自分の周囲（経営者の家族や取り巻きなど）を経由して、間接的に後継者に伝えようとするのです。

このような伝え方をされた後継者は、ただでさえ「渋々でも継がないといけないのか？」と悩んでいるうえ、「外堀を埋められた」の如く余計に迷惑と感じてしまい、結果的には先代との間に誤解や確執がより深まっていきます。私自身も例外ではなく、当初は「迂回ルート」で周囲から（しかも本来関係ないと思われる人からも）散々と話を聞かされて、そのたびに気分を害することもありました。

後継者の中には「このまま家業を残されたら迷惑」と感じている方もいます。しかし一方で「とはいえ無視はしにくい」という後ろめたさや「やはり誰かが継がなければならない」という正義感も少なからず感じています。そのような経営者と後継者の間柄を上手く取り持ってくれるメンターの存在もありますが、理想的には両者との間で（特に親子は）膝を突き合わせて、とことん会話して双方の歩み寄りが望まれます。ただ現実的には、そのような理想的な場面は多くはないでしょう。真に円滑な事業承継を望むのであれば、経営者側も後継者に対しては「１０００歩引いて」折れる姿勢を示していく必要があります。

３　事業承継と密接に関係する「贈与」と「相続」

日本における贈与と相続の仕組み

事業承継に関連するキーワードとして欠かせないのが「贈与」と「相続」です。この２つについては必ずしも事業承継に必須ではありませんが、家業を引き継ぐ場合には経営者と後継者双方がより深く理解しておいたほうがよいです。事業承継とは関係ない場面においても、親の財産を引き継ぐ際には人任せにせず、自分なりに正確に理解しておく必要があります。

贈与も相続も「財産の移動」という点では共通していますが、法律上の位置づけが若干異なります。いずれも「民法」に規定されており、贈与は民法の中の大項目である「第三編　債権」という中に規定され、相続は「第五編　相続」に規定されています。この両者の違いを端的に表せば「契約か否か」という点です。

「贈与」は契約で成り立つ仕組みになっています。財産を譲る側と受け取る側の意思確認が必要となり、その意思確認が契約として成立していることが前提となります。贈与の対象は親族である必要はなく、第三者も対象となります。「契約」は書面と口頭のいずれも成立し、書面による契約はいったん契約が成立すると途中で止めることはできませんが、口頭の場合は一部契約を取り消すこともできます（民法５５０条：書面によらない贈与の解除）。事業承継も贈与契約と同様に、経営者と後継者双方の意思確認を無くして成立しませんので、贈与という仕組みはいわば「事業承継のために必要な機能」であると捉えることもできます。

一方、「相続」は契約ではなく財産所有者の没後に自動的に（相続人の権利として）発生する仕組みです。したがって「相続」を受けたくない場合にはそれなりの手続きを必要とします（民法９３８〜９４０条：相続の放棄）。

日本における相続権の仕組みは「相続が三代続くと財産はゼロになる」と言われています。これは民法における相続税の在り方に「富の再分配」という思想があるためです。相続に伴う「相続税」にはこの「富の再分配」を実現するために、「所得税の補完機能」と「富の集中排除機能」という2つの機能が備わっています（国税庁ＨＰ「相続税・贈与税」内「税務大学校講本『相続税法』（平成29年度版）」を参照）。

贈与と相続の実際

事業承継という場面に限らず、贈与や相続に関しては誰もが気になる割には、実は具体的にどうしたらよいのか分からない、というのが正直なところでしょう。

事業承継を円滑に進めるためには、後継者（予定者）を軸として周囲の建設的な理解が必要となり、必ずしも後継者の要望通りに財産が分けられるとは限りません。特に自社株式や事業用不動産などは分配することが難しく、売却等で現金化する必要が生じる場合もあります。実際の相続の場面においては、経営者の財産のうち事業の株式は長男が、不動産は長女が、現金は配偶者が、といった具合の分配も考えられますが、必ずしも均一に分配できるとは限らず、大なり小なりの不均等が生じる場合があります。事業承継の場合にはむしろ計画的に「不均衡」に行う必要性が生じ、このような場合はなお相続人同士の理解が不可欠となります。

具体的な手続き関係については専門家からのアドバイスや他の専門書に委ね、本書では私の経験と事実にもとづき、家族（「法定相続人」を想定）で円滑に進めるための贈与や相続の「コツ」をお伝えします。

後述する内容は「１００％正しい」や「１００％問題ない」ということを保証できるという訳ではありませんが、私が長年かけてその答えを模索し、さらに客観的な根拠の一つとして実際に私が国税局の相続税務調査を経験した事実と結果を踏まえていますので、手法の是非は別として客観的に「ほぼ問題ない」内容であると考えています。

贈与について

贈与については、現経営者が健在の段階（少なくとも生前）で、経営者から後継者に対して、個人事業であれば事業財産を、法人であれば自社株式等が「生前贈与」という形で引き継がれるのが一般的です。ここでは事業承継に限らず一般的な贈与に関して、私が苦労して見つけた答えなどを中心に紹介します。

先代経営者である私の父親が60歳代になり、そろそろ事業承継に向けた将来の準備を考え始めたころ、私に娘（先代経営者の孫）が誕生しました。そのころ私自身が贈与や相続について関心を持ち始めたこともあり、「（私からみて）贈与の受ける側である娘（受贈者）はいったい何歳から贈与を受けることが可能なのか？」という疑問を抱きました。この疑問に対する答えを探してみるとなかなか「正解」が見当たらないもので、同じ疑問を持たれている方は意外と多いと思います。

本などで調べると、そこには「契約の意思確認が可能な年齢になってから」と書かれています。これでは具体的なことが分からず、当時お世話になっていた税理士事務所や地域の税務署相談窓口などに質問してみました。ところがなかなか明確な回答が得られず「意外に正解は分からないものだな」と感じていました。

ちなみに当時得られた回答として、某税務署相談窓口では「贈与者と受贈者の双方に契約の意思が確認できる状態になってから」と説明されました。「それでは何歳から可能なのか？」と質問したところ「だいたい中学生くらいから」という回答でした。「では12歳になれば本当に大丈夫なのか？」と問い直したところ、結局その窓口担当者は「分からない」と返答しました。私の質問に応じた担当者の個人的レベルなのかもしれませんが、少なくとも税を徴収する側の税務署窓口でその程度なのかと残念に感じた次第です。

その後もいろいろ聞いて回りましたが、模索を始めてから2年ほど過ぎたころ、別の地域の税務署相談窓口で「年齢に関係なくいくつかの注意点に留意すれば、（受贈者が）０歳からでも贈与できます」という回答が得られました。当然ながら０歳児の当事者との直接契約は不可能であり、中学生や高校生でも贈与の意味を正確には理解し難いと思いますので、実務的には受贈者が概ね未成年の間は、親権者である親が受贈者に代理して手続きを行うこととなります。これで贈与に関する年齢的な疑問は解決しました。

ようやく第一段階の疑問はクリアし、次は実際にどのような手続きを踏めば問題なく贈与の手続きができるかを模索しました。ここでは話をシンプルにするために「現金贈与の場合」に限定します。

生前贈与で重要なことは、贈与を受けた(あるいは行った)事実を当事者が自身で「立証」することであり、たとえ面倒でも以下4項目は贈与の度に必ず実施しておきます。

①毎回「意思確認」をする（具体的には次の「②」を以って意思確認とする)。

②毎回「贈与契約書」を作成する。

③毎回「金融機関で窓口手続き」をする（必須ではないが望ましい)。

④毎回「贈与税申告（確定申告)」をする。

これらを「毎回」（通常は毎年）実施する必要があります。この4項目については、実際の手続きや書面作成などは税理士等に頼らなくても自分自身で実施できます。私も事前には税理士等に相談しましたが、書類作成や手続きなどすべて自身で行い、相続税調査時もこれらの内容で何ら問題はありませんでした。相続税調査の際、調査官に直接「この手続き内容で問題ないですか？」と念を押しましたが、「大丈夫です、問題ないです」と太鼓判でしたので、１００％の断言はできませんが（調査官により見解の相違が生じる場合もある（らしい））、この４項目は正当な贈与手続きとして「正解」と見做《みな》すことができます。

列記した４項目の内容は、すでにご存知であれば「ある意味当たり前では？」と感じられるかもしれません。ところが私が約2年にわたり調べた範囲では、意外にも税理士事務所や税務署相談窓口からはこれらの項目を明確に、しかも順序立てての説明は得られませんでした。贈与手続きに精通している税理士等と出会っていれば即答できる話なのかもしれませんが、贈与手段に関して疑問を感じられている方へは大いに参考になるはずです。

参考に、税理士事務所等へ贈与手続きに関する相談をした際、もし「毎年同額で贈与を続けると意図的に節税していると疑われ、後になって税務署から否認される・・・可能性がある」という説明を受けた場合は、少々荒っぽい表現ですが「その回答者は贈与に関して本質的に理解できていない」と捉えても支障ないです。そのような不確実な回答をする方は避けるか聞き流していただき、きちんとした「正解」を教えてくれる方に出会うか、または自分で「正解」を模索することをお奨めします。

贈与に関する法律的な考え方と手続きの実際

ここで「贈与」に関する法律の基本事項について、私は法律の専門家ではありませんが一般的なことについて触れておきます。

「贈与」は民法上の契約であり、契約の対象者となる双方の「意思確認」、すなわち「譲ります」と「受け取ります」という意思確認が行われていることが前提となります（前述の4項目中の「①」）。そして、その意思確認の客観的な証拠として契約内容を書面に残すことが必要となります（同「②」）。民法上、契約は口頭同意のみでも成立するため、贈与契約も同様に口頭契約が可能です。書面と口頭契約の違いは、後々に贈与契約を解除するか否かという点で、口頭契約の場合は実行されていない部分の贈与契約については後に解除することができます（民法550条：書面によらない贈与の解除）。ただ財産の移動を伴うような大切な贈与契約の場合、その内容を口頭同意のみで進めてしまうと、税務調査時など第三者に対して贈与契約の有無の証明が困難となります。贈与の実態をより客観的に証明するためにも契約書の作成は必要であり、自身の正当性を証明するために口頭よりも効果的です。先代の他界で相続が発生した際、生前に贈与がなされている時には、贈与契約の成立を書面等で立証できない場合、贈与財産は相続財産と見做されることがあり、その場合は納税の増額（通常は贈与の税額のほうが低いため、贈与の場合の税額と相続の場合の税額との差額）を強いられます。ただし適正に贈与が行われていたとしても、先代が他界した時点から遡《さかのぼ》って３年間に行われた贈与については「相続財産」と見做されます。

贈与は通常、親子間など身内で行われる場合が多いため、契約書作成と聞くと「身内でもそんなことが必要なの？」と仰々しく感じられるかもしれませんが、長年経過して後々困らないように、たとえ親子間であっても贈与契約書を作成しておくべきです。

少々細かい話となりますが、贈与契約書を作成する場合、贈与契約書へは贈与者と受贈者のサイン（記名、署名など）と押印が必要となります。サインについては記名（ゴム印など）でも構いませんが「直筆署名」が望ましいです。押印に関しては「実印」でも「認め印」でもよく、要は「契約者本人の意思で押印されていること」や「当該印鑑は契約者本人が管理していること」などが押印の実質的な要件となります。その ため認め印であっても普段から本人自身が管理している印鑑と分かるもので、その印鑑が「普段から自分の意思表示として多用しているもの」であれば問題なく使用できます。逆に言えば、たとえ実印であっても実際には子に代わって親が勝手に押印している場合も考えられるため、そのような場合は当然ながら無効と見做されます。未成年などの場合は法定代理人である親と同じ印で代用可能（実印、認め印は不問）です。このように押印については単に「実印なら何でも大丈夫」という訳ではなく、あくまでも「契約者の意思として、契約者自身が押印する」という実態がポイントとなります。

契約書の書式に関してはネット検索等で雛形をお調べいただく程度でも大丈夫です。前述の如く、面倒でも贈与の度に作成することが必要です。

続いて「窓口手続き」（贈与税の申告、項目「③」）については「必ず窓口でないといけない」という訳ではないです。銀行等の窓口で手続きする場合は振込依頼書等に贈与者の筆跡が残ります。そのため客観的な足跡として、贈与者自ら窓口での振り込み手続きを行うのが望ましいです。ネットバンク等でも問題はないのですが、出納の内訳を記帳しておくなどの「足跡」を残すことが大切です。

最後に「贈与税申告」（贈与税の申告、項目「④」）についてです。よく勘違いされるのは「年間110万円までなら無税だから大丈夫」と考えて、110万円の現金を振り込んで何も手続きをしなくてもよいと考えている場合です。ちなみにこの「110万円」の根拠は、基礎控除60万円に租税特別措置法による控除50万円が加算された合計額なのですが、これが意外にも銀行や会計事務所でも知らない方が多く見られます。年額合計で１１０万円までの贈与であれば贈与税の納税義務は発生しませんが、その現金が「何のために移動しているのか」が不明となります（たとえば寄附金や何かの裏金など）。そのために必要なのは「確定申告」しておくことです。具体的には「納税額０円」という贈与税の確定申告（いわゆる「０円申告」）を行います。この「０円申告」をアドバイスしてくれる方も世間では意外に少なく、ただ実際に「０円申告」をする人は少なく、意図的に少額の納税（一般的には１１１万円贈与して１０００円の贈与税申告を行う）を行う場合が多いです。

また税理士等から「毎年同額で贈与していると計画的に分割していると判断される場合があり、毎年贈与額を少し変えたほうがよい」というアドバイスを聞いたことはありませんか？　この話には何ら根拠は無く、前述の手続き（意思確認、契約書作成と贈与申告）を確実に実施していれば毎年同額でも何ら問題はありません。贈与という契約上の趣旨からすれば、毎年同額であることが問題なのではなく「しっかりと贈与の意思確認と手続きが行われているか」という実態が要求され、私自身はこの点についても相続調査時に調査官へ確認しました。仮に「毎年同額の贈与で税務署に否認された」という方がみえれば、金額ではなく何か別の問題（手続き上の不備など）が考えられます。
以上が円滑に贈与を進めるポイントとなります。繰り返しますが円滑な贈与に大切なのは「当事者同士の意思確認」が出発点で、「贈与契約書の作成と保管」、「当事者の意思（未成年は代理）で押印」、さらには「納税と申告」となります。

円滑な相続について

相続に関しても具体的な内容については、お付き合いのある税理士事務所等と相談していただければよいのです。ただ相続手続きは税理士事務所の通常業務の範疇ではないため、その事務所なり担当税理士が贈与や相続関連に精通しているか、あるいは税務調査に対応できる能力があるかどうか、普段の会話の中から事前に確認する必要があります。

贈与や相続については経営者であっても細部は分からないものです。そこで知人や税理士事務所等に相談するわけですが、ここで経営者自身または受け手である後継者が双方で注意すべき点は「（相談相手に）任せている」と放任しないことです。細かなところまでは分からなくても、少なくとも全体像は自身で随時把握しておく必要があります。経営に関しても同様ですが「会計管理は税理士に任せている」という経営者は自社の危機管理という点では問題です。先にも述べましたが、相続は被相続人が亡くなった段階で自動的に発生する仕組みです。そのため相続人が相続を望まないのであれば期日内に「相続放棄」の手続きが必要となります。

私の経験上、相続手続きは相談先（一般的には事業の顧問会計事務所）を含めた法定相続人同士のまさに「チームワーク」です。世間ではよく「争続」や「争族」といった言葉も使われているくらい、普段は温和な家族仲であっても相続となると「豹変」するケースが多いようです。

事業承継に係る財産の相続については「贈与」の項でも述べたように、相続人同士で大なり小なり「不均衡」が生じます。ここで理解すべきなのは「不平等」ではなく「不均衡」すなわち「必要に応じた偏り」です。

法人であっても個人事業であっても後継者にはある程度の事業資金が必要となり、事業を担わない他の相続人の建設的な理解と協力が不可欠です。私の場合も同様で、我が家の相続の場合は目に見えない形の財産（医療法人の株式など）の割合が多かったため、額面だけで見れば後継者である私にかなり偏った、不均衡な相続となりました。現金や不動産に関しても、被相続人である経営者の財産に事業関連のものが多ければ、同様に後継者に集中させるための、相続人間の相互理解が必要となります。この不均衡な相互理解を円滑に進める手段が「遺産分割協議」になります。

相続の基本的な考え方には「法定相続割合」や「遺留分」といったものがあります。先に述べました「不均衡」を円滑に進めるためには相続人の法定相続割合を調整する必要があり、相続人間の話し合いで決定する「遺産分割協議」により手続きを進めます。

我が家を例に挙げれば、まず大筋で分割が確定している財産（主に事業関連財産）から先に遺産分割協議書を作成し、その後親の個人的な財産分割が順次確定した段階で、遺産分割協議書を追加作成しました。一度にすべての分割協議がまとまれば遺産分割協議書の作成は一回で済みますが、吟味に時間のかかる内容がある場合には、遺産分割協議書を複数回に分けて順次作成して、決定した順に手続きを進めることもできます。

ここで「相続」が「争続」になりそうな場合の考え方について触れておきます。「読者の皆様にはこのようなことが起こらないように」という願いを込めて、「一応」書き留めておきます。

実際に「争続」となった場合、各々の相続人は少しでも多くの遺産を得たいと考えるのが普通であり、感情的にも「均等分割では納得しない」という状況になります。「争続」になると話し合いで終結しない場合は「調停相続」となりますが、客観的な分割割合の考え方として、過去の裁判例では「被相続人が存命中に、どの相続人がより多くお金を費やしたか（生活費や教育費など）という実態を勘案して、その使用した費用の割合で按分する」という解釈があります。また「被相続人のために誰が一番面倒を見たのか（介護や生活支援など）という実態を勘案して、「お世話の手間代」として多く按分する」といった解釈もあります。

分割に関するその他の判断材料として、これは意外と知られていないのですが「被相続人が生前所有していた財産を獲得するために、相続人の誰が最も貢献したか」という考え方もあり、その趣旨は「被相続人である経営者自身以外に、相続財産の基となる家業の財産構築に誰が多く貢献していたかを、遺産分割に際して勘案する」という解釈です。経営者と共に家業を支えている後継者の存在があれば、かならずしも経営者のみの貢献ではなく、後継者が家業に従事したことが結果的に経営者の報酬に貢献している、といった場合もあるはずです。要は後継者が貢献しなければ経営者の実入りも少なくなっていた、すなわち遺産も少なくなっていたという考え方です。

ちなみに私の場合は、私が後継者の立場として事業用財産のほぼすべてを相続し、事業関連以外の財産（個人的な財産）は残りの相続人で分割相続しました。結果的に私一人が親の遺産の多くを相続する形でしたが、その内訳は法人の借入金を含む事業財産が殆どであり、私自身が個人的に使える遺産の相続はほぼゼロでした。額面的には私に偏った「不均衡」な相続となりましたが、残された家族の理解があって相続が無事終わったことを、今でも深く感謝しています。

◆第1幕　まとめ

1　事業承継とは何か？

・「事業承継」とは単に仕事を引き継ぐというだけではなく、事業の歴史や精神を受け継ぐことも包括される。

・「事業承継」の際には先代経営者が中心となり、「何を」「誰が」承継するのかを事前に吟味しておく必要がある。特に「誰が」については、先代経営者は決断しにくく、一定の期間において「覚悟と決断」を必要とする。

・経営者は「事業承継」がなされなかった場合のシナリオも考えておく必要がある。

2　事業承継のタイミング

・経営者は事業承継のタイミングを含め、自分の重大なこと（次世代への変化）は自ら決断できないものである。

・自らの重大な決断には、身内や信頼のおける第三者の助言も参考になるが、最終的には自身の決断が重要である。
・事業承継は先代経営者の想いだけでは実行できない。受け手となる後継者の建設的な理解を得る「歩み寄り」が必要となるが、往々にして不器用な先代経営者はこの過程を軽視してしまい、結果的に円滑な事業承継ができなくなる。
・事業承継は本来直系の親族が中心となるが、ときには傍系親族や娘婿などのほうが適している場合もある。

3　事業承継に密接に関連する「贈与」と「相続」の注意点

・贈与は「契約」であり、相続は「必然的発生」である。いずれも課税対象となるが、とくに相続（相続税）には法的に「富の集中排除」という目的がある。
・贈与は、まずその目的を明確にして、必要な手続きを踏む。必要な手続きを確実に実行することで後のトラブルを防止できる。
・相続は原則「法定相続割合」となるが、事業承継の場合は相続人同士の建設的な「遺産分割協議」を必要とし、実現すれば実質的かつ円滑な事業承継につながる。したがって後継者以外の他の相続人の協力が必要不可欠となる。

第2幕　ガンコ親父と偏屈息子のための「承継前後の10年」

第2幕では「事業承継に必要な期間」について触れます。

家業の事業承継において、先代経営者の「親父」と後継者である「息子」は、普段はごく普通の関係であっても、仕事や事業承継といった話題になると往々にして意見が分かれます。この「見解の相違」の本質には各々の「時代背景」が密接に関係します。創業期や成長期を担った経営者と、事業承継後の維持期を担う後継者とは、当然ながら求められる要素も異なり、むしろ同じように運営していては事業の継続そのものが危ぶまれます。

ここでは実際に家業を承継した私が体験した「鮨屋」の一コマから、経営者と後継者の考え方の違いについて分かりやすくお伝えします。

次に、本書の表題である「事業承継に必要な10年」とはどういう意味なのか、あるいはどのような根拠なのかについて語ります。あらかじめお断りしておくと、この「10年」という数字に確固たる理由はありません。しかし私の経験上、この「10年」にはいろいろな意味があると実感していますし、統計上も事業承継における後継者育成に必要な期間は「5～10年」が最多となっています。様々な視点から事業承継に必要な期間を設定することで、やがて迎える事業承継の時期の「逆算」ができ、事業承継をより円滑に進めていけます。

1　なぜ親父と息子はケンカするのか？

「気が合わない」ではなく「合う訳がない」

本書の執筆を構想しはじめたころに興味深い新聞記事を見つけました。その記事は殺人に関する内容でした。

全国の警察が２０１６年に摘発した殺人事件（未遂を含む）のうち、55％が親族間で起きていたことが警察庁の調べで分かった。この割合は増加傾向にある。

（２０１７年４月10日付「毎日新聞」）

この記事の翌年の数字（２０１８年７月警察庁発表の２０１７年における殺人発生件数）を見ても、未遂を含めた親族間の殺人件数は全体の50％を占める結果となっていました。

事業承継に関しては、いくら骨肉の争いが展開されても親族間で殺人にまで及ぶことはまれですが、世間では少数ながら事業承継に関連する殺人事件も発生しているようです（２０１７年12月　富岡八幡宮殺人事件）。

古来のリーダー論で知られる『貞観政要』の主人公、太宗・李世民は、兄弟や父親を事実上粛清したことで有名ですが、少なくとも現代の日本においては事業承継で命の奪い合いにまで発展するのはまれです。

『なぜ親父と息子はケンカするのか？』

この問いかけに関しては、何も疑問を抱く必要はありません。

『そもそも最初から気が合う訳がない』

これが結論です。

もちろん気の合う親子で円滑な事業承継を進めている方もいます。しかしながら、私がこれまで接してきた家業の事業承継の場面では、親子間で何も支障なく円滑に進んでいる事業承継は全体の2割、多くても3割程度です。

では『なぜ「気が合う訳がない」のか？』

それは単に相性とか根性論ではなく、主な理由は「背景の違い」です。昭和と平成といった時代背景以外にも、草創期と成長期といった事業の歴史上の違いも影響するでしょうし、経営者と後継者の各々のこれまでの人生における様々な経験量や人生観の違いなども大きく影響します。そのような個々の背景の違いは親子間でなくても、当然ながら他人同士でも存在します。

事業承継においては「なぜ気が合わないのだろう」と悩む前に、経営者と後継者はそもそも「気が合わない」という前提で構えておく必要があります。もちろん意気投合して円滑に進めることができれば、このうえない理想です。

「昭和の親父」と「平成の息子」の違い

私は昭和後半生まれの世代です。家業の創業経営者であった父親は昭和初期の生まれで、幼少時に戦争を経験した世代です。著者である私と同年代の方であれば、先代経営者は昭和初期から中期の方が多いと思います。

昭和初期生まれの経営者と私たちの世代との決定的な違いは、戦争体験を中心とした時代背景の差です。先代であった父親はよく戦争の話をしており、「今日は無事でも明日は米軍に銃で撃たれるかもしれない」というセリフを幾度となく聞かされ、「だから（事業においても）立ち止まれない」という強い信念が根底にあり、常に事業拡大を狙っていたような性分でした。「明日も無事に生きているか分からない」という感覚は、少なくとも昭和後半以降の私たちには想像し難いことで、平成や令和の世代であれば戦争でも起こらない限りなおさらです。

これまでに私が出会った方の中には、入院中の病院から抜け出して「今から零戦が自分を迎えに来る」と豪語して病院近くの国道の上で敬礼するお年寄りや、生活習慣病で通院中の方には「食べ物のない時代に育ったから、治療といえども食事制限はなかなかできない」と話す方もいらっしゃいました。昭和後半以降の平和な時代に育った私たちの世代ではおおよそ想像のつかないような考え方が、戦争前後で生まれ育った多くの方には深く根付いているようです。

事業承継においては、このような時代背景と併せて、後継者が理解しておくべきことは「草創期」と「それ以降」という、事業の「時期」の違いです。

事業承継の場合、後継者の目に映る家業の状態は「ある程度出来上がった姿」です。創業経営者の場合はまさに「裸一貫」から事業を立ち上げ、現在に至るまで様々な苦難の歴史があります。ところが後継者はそのような草創期を知らないため、草創期の苦難を理解していない場合が多く、現在の一時点のみを見て「これではダメだ」や「時代遅れだ」と、事業の現状を大きく否定したり変えようとしたりします。もちろんそれがすべて悪いとは限りませんが、家業の今が在るのは「それなりの歴史」があるということを理解しなければなりません。仮に後継者が家業の現状を見て「こんな古いことを続けていて最悪だ」と感じた場合でも、草創期よりそこに至る歴史、すなわち家業に関わる多くの先人のお陰で今がある、と柔軟に受け入れる「器量」が必要です。もし本当に受け入れ難い状況であれば、「継がない」選択肢もありますが、後継者の立場においては家業の歴史を建設的に理解する努力が必要です。

「ローマは一日にして成らず」

目の前の家業は一夜城ではないはずです。これについては後継者が「１００歩譲って」理解すべきであり、そのうえで事業承継の可否を決めればよいです。

鮨屋の大将から受けた説教　―「親父というもの」の心情―

親父と息子はそもそも気が合わない、という話の続きです。

私が「事業承継」という言葉を意識するようになったのは、家業に入ってから10年ほどが経過し、家業の一部の経営交代が目前となったころでした。

ある日、出張先で見つけた小さな鮨屋に入りました。店内はカウンターのみの、5名で満席になるほどの広さ（狭さ？）でした。私が入店したとき客は私のみで、カウンターの目の前で御年70歳ほどの大将に「貸し切り状態」で鮨を握っていただきました。

出された鮨を頬張りながら大将と世間話をしました。「私自身が事業承継の立場で、ときに先代と衝突することがある」といった身の上話をしていたときに、大将から「実は自分にも息子がいてよく口論になる」という言葉が出ました。

大将の話はまさに当時の私の状況と似ていて、とても興味深く聴き入りました。そのとき大将は「親父というものは、特に私のような昭和の親父は、自分が間違っていると気づいていても、なかなか素直に頭を下げられないんだよ！」と語り、一呼吸おいて「俺もその類だ。お互いに（その大将と私の父親）第一線で働くのはそう長くはないだろうから、しばらくは辛抱して親父の言い分を聞いてやってくれ」と、諭すように私に語りかけました。

聞くところによると、その大将も本音では家業であるその鮨屋を継いで欲しかったようで、ただその話題を面と向かって息子と話す機会はなく、そのまま時が流れて息子は別の道を進んでいったそうです。初対面にも関わらず、惜しみもなく大将自身の苦い経験を披露していただいた、愛情のある説教だったと私の記憶にずっと残っています。大将の話を聞いて、間接的ながら「親父の心情」というものを初めて聞いたように感じた瞬間でした。

後日久しぶりにその鮨屋さんの近くを通ったのですが、残念ながらお店は取り壊されて駐車場に変わっていました。大将がご健在であれば御年80歳は過ぎているでしょうか……。今も変わらずお元気であれば幸いです。

２　事業承継に必要な「10年」の意味

「10年ひと昔」ではなく「1年ひと昔」の現代

インターネットを中心とした情報化社会の目まぐるしい発展により、特に平成の時代に入ってからは「時間の流れ」が劇的に変わりました。最近では「10年ひと昔」という言葉すら聞かれなくなり、現代の時間の流れを表現すれば「１年ひと昔」といった感じです。

事業承継に必要な時間は、業種や事業そのものの状況により一概に同様とは限りません。ただ私が知る限りでは業種に関わらず平均的にみると、事業承継に必要な期間は概ね「10年」です。

ここで言うところの「10年」とは、事業承継のために先代経営者に必要とされる10年であり、この10年は後継者においても準備期間として必要とされる期間です。したがって事業承継を計画的に進める場合は、事業承継前の10年、最低でも5年を見積もっておく必要があります。

ここで述べている10年という期間については客観的な根拠は無く、あくまでも私の経験上の結論です。この話を聞くと「店の修行でもないのになぜ10年も？」と疑問を抱く方もみえるでしょう。それに加えて先に述べた「1年ひと昔」という時代の流れを考えれば、悠長に10年もの期間を費やせないと考えるのが普通です。そう考えると必然的にもっとスピード感が要求されると思われがちですが、「事業承継前の10年」は、経営者および承継者双方それぞれに求められる、お互いが理解し合うために必要な時間です。

事業承継に必要な期間 ― 統計的見解より ―

前項で述べた事業承継に必要な「10年」という期間は、私自身の経験に基づく結論です。客観的な根拠にもとづき述べている訳ではないため、近年の国内の実態について追記しておきます。

インターネットで「事業承継アンケート」を検索してみると、意外にも国内の至る所でアンケート調査を行っており、その結果が公表されています。それによれば、諸々のアンケート調査の結果と本書で述べている見解はほぼ合致していることが分かります。

過去５年以内（本書発刊が２０２０年）にインターネット上で公表されているアンケート調査等の概要をまとめておきます。15件のアンケート調査の中から主に参照させていただきました、出典元が比較的明確な４件の概要を列記しておきます。

（1）「中小企業における事業承継に関するアンケート・ヒアリング調査　報告書」

帝国データバンク（２０１５年２月）

【調査対象】全国の60歳以上の会社経営者及び個人事業主で、事業用資産を所有している者。アンケート送付数２０、０００件。

アンケート回答数４、９２４件、有効回収率24・６％。

（2）「事業承継に関するアンケート調査報告書」

水戸商工会議所　茨城県事業引継ぎ支援センター（２０１７年７月）

【調査対象】茨城県内企業の中から調査会社のデータを基に経営者の年齢が60歳以上で、後継者難と思われる中小企業１、８３４社。

アンケート回収数２８７件、有効回収率15・６％。

（３）「愛知県内中小企業の事業承継に関する実態調査　報告書」

公益財団法人あいち産業振興機構（２０１７年９月）

【調査対象】愛知県内に本社がある企業のうち、中小企業基本法に基づいて業種分類ごとの資本金、従業員数を条件に合致する企業群を抽出し、代表者の年齢が60歳以上、従業員5名以上の企業５、０００社

アンケート回収数８１３件、有効回収率16・３％。

（４）「事業承継に関するアンケート調査　結果報告書」

雲南市産業振興センター　雲南市商工会（２０１７年３月）

【調査対象】雲南市内の商工会会員の中から約９９２事業所を抽出

アンケート回収数３５２件、有効回収率35・５％。

〔アンケート調査の概要〕

各々のアンケート調査における共通の質問事項と結果、ならびに私の所感を添えて

列記します。

①事業規模（従業員数）

従業員数で最も多いのは「10人以下」（全体の約半数）であり、法人も含まれるが個人事業主が多かった。その中でも特に「５人以下」が多く、親族で個人事業を営む形態が多かった。「国内の９割以上が中小企業」と言われているが、実態もその通りであったことを改めて認識した。

②経営者の年齢

経営者の年齢は「60歳〜69歳」が圧倒的に多く（全体の50〜70％）、「70歳以上」も全体の20％前後を占めていた。この両者を合わせると（60歳以上）全体の70〜80％を占め、小規模の事業主の高齢化が顕著に表れていた。印象的には40代、50代の経営者が多く活躍しているように感じられるが、まだまだ60代、70代の経営者が中小企業を牽引している様子がうかがえる。

③後継者

事業主の約半数（40〜70％）は「後継者は決まっている」と回答していた。ただ、この中には後継者自身が事業承継を承諾している場合とそうでない場合（経営者の独断で「承諾していると思い込んでいる」場合）が混在していた。私も経験したが、先代経営者の中には後継者と意思疎通を取らずに、独断で「いずれは息子へ継ぐ」と考えているケースは多いようである。経営者の独断で「後継者が決まっている」と考えても、当然であるが事業承継はうまく進まない。

④後継者の選定

後継者候補は「親族（特に子）」が半数以上（45～80％）と最も多く、次いで「役員や従業員」（20％前後）が多かった。特に個人事業主の場合は、一般的には親族間で事業承継するのが普通の流れであるが、親族間に適切な後継者が存在しない場合は従業員に承継するケースも意外にあるのだと感じた。

⑤事業承継の時期

各調査とも「（現在からみて）５年超～10年以内」が最多（全体の20～60％）であり、特に個人事業主ではこの時期で考えている経営者が多い傾向であった。ただ多くの経営者は「単に承継すれば解決する」とは考えておらず、〔後継者に関する悩みの内〕という項目においては、「後継者が若年であること」や「後継者の能力不足」を危惧するという意見も多く聞かれた。このことから、事業承継前の準備期間として５年から10年、事業承継後のいわゆる観察期間として最低でも５年程度は、現経営者がある程度は関わる期間ということが考えられ、偶然だが本書の客観的な裏付けとして捉えることができる。

⑥事業承継を検討するうえでの課題

経営者が今後の事業承継を検討するうえでの「心配ごと」としては、「相続税や贈与税の負担」が多く（全体の50～70％）、続いて「後継者選定」、「将来の経営不安」といった項目を挙げていた。本書においても相続や贈与のことについては紙面を増やしているが、私の経験と同様に、相続や贈与の問題は事業承継に大きく関わることが分かる。

⑦事業承継に関する相談相手

経営者が事業承継のことを「誰に」相談するかについては「税理士」が多く（全体の50～70％）、その他には「商工会議所」、「金融機関」や「事業引き継ぎ支援センター」などが挙げられた。事業そのものの内容というより、財産や権利の承継という視点で、身近な専門家である税理士や会計士が挙がっていた。一方で「誰に継ぐか」という視点では「配偶者に相談する」というケースが多くみられた。私の場合も、事業承継の手続き上の話題から整理すべく（私は後継者の立場であったが）、まずは顧問の税理士事務所に事業承継の相談に出向いた。

⑧事業の継続について

アンケート調査の内容は「事業承継」が前提であるが、「事業を継続・継承するつもりはない」という項目の内訳として「廃業」や「事業譲渡（いわゆるM&A）」を検討している経営者も少なからず（全体の10〜20%）存在した。「廃業」の理由は「事業の将来性」が多く、「親族内に後継適任者がいない」や「後継者に継ぐ意思がない」といった点が挙げられていた。事業の廃業を検討している経営者は、60歳よりも若い年代か、70歳超の高齢の経営者に多い傾向がみられた。著者の周囲の経営者にも「継がせないで自分の代で店じまい」と考えている経営者が少数存在するが、その真意は「親族が継いでくれないだろう」といった思い込みが潜んでいるように感じた。

以上、事業承継に関するアンケート調査の概要を列記しましたが、本書の項目にある「10年」には客観的な根拠があり、かつ適切な時期であることを理解していただけたことと思います。

事業承継の適正期間以外にこれらのアンケートから分かったことは、後継者が先代の事業を円滑に承継するために必要なこととして、「事業の経営状況や課題を正確に理解する」、「事業の将来性や魅力を承継後も維持する」、「事業所内での業務経験」といった項目が重要と思われました（「事業承継に関する企業の意識調査」帝国データバンク２０１３年調査より）。

経営者に必要な「事業承継前の10年」と「承継後の5年」

私が「外メシ」（家業以外での勤務）の期間を経て家業に入ったのは35歳のときで、最初に家業の一部の法人代表に就任したのが39歳のときでした。40代前半より事業承継を順次進め、その後先代経営者である父親が他界し、相続を含む実質的な事業承継は47歳のときでした。以上のような私の経験や背景をもとに、事業承継には概ねこの程度の内容と時間が必要であるという目安をお伝えします。

事業承継を大局的に捉えると、経営者が後継者に事業承継する前の10年は経営者自身の「覚悟の整理」期間であり、承継後の5年は後継者の「自立を見守る」期間です。このうち多くの経営者にとって承継の支障（特に精神的な支障）となるのが事業承継前の10年です。先の事業承継アンケート結果からも明確ですが、経営者は自身に関する大きな決断は「自分だけでは決められない」ものであり、また「決断の意志を後継者（特に息子）に素直に伝えられない」ことも影響します。言い換えれば、経営者にとって承継前の10年は「たとえ不完全であっても事業承継の覚悟を決め、その意思を後継者を含めて内外に伝えるための期間」と表現したほうが分かりやすいでしょう。

承継前の10年は、時期的には草創期を乗り越え経営的にも安定していることが多く

（であるからこそ事業承継を考えている）、経営者にとっては「まだまだ自分が」と感じる時期とも重なります。事業が順調に進めば進むほど事業承継のタイミングが遠ざかります。先の事業承継アンケートにもあるように、60歳超の経営者は「自分はまだ経営者としてやれる」という想いが強いようで、そのことが事業承継のタイミングを見誤ることにもなります。結局どれだけ時間が経過しても、経営者から見れば後継者は所詮青二才にしか見えないため、事業承継のタイミングは往々にして先延ばしになります。特に創業経営者の場合は事業への思い入れが強いため、その個人的な感情も事業承継を進めるうえでは支障となります。

「自分のことを決められない」タイプの経営者は、自分のことを理解してくれる（という思い込みを含め）「他者の意見」を参考にします。先の事業承継アンケートでも「相談相手は顧問の税理士が多い」とあるように、事業の内容を中心に考えれば税理士等の「他者の意見」は大切です。しかし一方で「誰に後継すべきか」については、特に親族内での後継であればまずは近親者に相談するのが望ましいのですが、ガンコ親父タイプの経営者は家族にはなかなか相談しにくいものです。

経営者は周囲の意見に耳を傾けることが少ない割に、なぜか自身の重要な局面では周囲の意見を聞き入れる傾向にあります。さらに言えば、自分の決断ではなく他者の意見通りに事を進めて、結果的にうまくいかなかった場合の「逃げ道」的に聞き入れているようにさえ感じます。仮に事業承継が円滑に進まなかった場合に、それが周囲の意見であれば「やはり失敗だった、俺は最初から承継は無理だと思っていた」と言い訳ができるからです。経営者があえて自分で決断しないときは、往々にして「逃げ道を作っている」場合が多いのです。このような「決断の先送り」や、かといって決断しない訳にはいかないため、そうこうしているうちに10年ほどの時間が、あっという間に経過してしまいます。

承継前の10年はこのような「覚悟の期間」であることに併せて、事業そのものの見直しや整理をするための時間でもあります。実務的に考えれば、後継者に対する株式譲渡（生前贈与等）、事業内容や財務体質の整理、あるいは社内役員などの人事の整理などについては時間も掛かるため、ある程度計画的に進めることができれば事業承継も円滑になります。

経営者と後継者、双方が理解し合う10年

事業承継を考えていくうえで、経営者が反射的に思うことは、これまで自身が築き上げてきた事業が後継者によって大きく変えられてしまうのではないか、あるいは潰

されてしまうのではないか、という漠然とした不安です。そのように思うことは先の事業承継アンケートにおいても「事業承継における不安材料」といった項目に挙げられており、そのことが事業承継自体を遅らせてしまう大きな要因となります。

経営者が事業承継の検討に入る際に、または事業承継の準備に入ってからも是非意識していただきたいのは「差し障りのない範囲は後継者の意見を受け入れる」という姿勢です。経営者はとかく大きな変化を嫌い、後継者のような若い世代の感覚を素直に受け入れられないことが多分にあります。経営者自身が理解できないからと言って後継者の成すことを頭から否定し、それを繰り返せば、いくら我慢強い後継者でも八方ふさがりの状態となり、士気も下がります。たとえばちょっとした業務改善や設備改修など、事業の大勢に影響のない部分については「１００歩、１０００歩譲って」見守っていただく寛大さが必要です。

これは親子に限った話ではありませんが、人間誰しも「認められて任される」ものです。それを認識すれば、苦難な業務であってもやる気が沸いてきます。後継者に限らず「承認と期待」は大きな士気につながります。

事業承継の実務的な準備段階では「人事」と「財務」の整理がポイントとなります。「人事」に関しては、特に経営者の「取り巻き」については古くからの側近ほど変化への対応が困難であり、多くの場合その側近は後継者への代替わりの前後で去っていくか、あるいは降格（新しい部下に追い越されていく）する場合が多くなります。後継者に事業を移行していく準備段階としては、事業内容や財務関連以外にも、人事に対する心配りが必要です。

承継時の財務の扱いに関しては様々な見解がありますが、設立に苦労した創業経営者は「自分の苦労を少しは後継者にも経験させたほうがよい」というお節介心が働きやすく、一定の借入金を残したままにして事業承継する、あるいは事業資金を敢えて少額にした段階から承継する、といったことを考えます。お節介で借入金を残すことと、事業承継後の借入金対応で金融機関と折衝していくこととは別次元の問題なのですが、これまで苦労を重ねた経営者、特に昭和世代の経営者にとって後継者への事業承継は、内心はとても嬉しいと思いながらも、「甘やかしてはいけない」という親心を拭いきれないものがあります。私の場合、先代経営者の当時の「取り巻き」から聞いたことですが、「借入金を残した状態で苦労させないといけない」と先代経営者が周囲によく話していたそうです。後継して経営者の立場となり、多少はそのような想いも理解できますが、それよりも事業承継そのものの苦労が計り知れないため、そのような親心は基本的には「ありがた迷惑」に感じました。

以上のような様々な想いを経営者と後継者が双方で理解し合うためにも、日常的な業務などを通じて双方の考え方を合わせるのも、承継前の10年という年月は大切な時間となります。

「外メシ」も10年くらいは必要

後継者の立場で理解しておくべきことは他にもたくさんあります。家業を理解するうえで最も大切なのは「現場を知ること」です。

多くの後継者は先代経営者の指示により（または自主的に）、家業の内外に関わらず現場を経験する機会があります。まれに現場を経験せずに、いきなり家業の上層部に入り込んであれこれ指示を出す後継者も見られますが、当然ながらそのような後継者は現場に受け入れられません。

現場を経験することは「自分の経験のため」だけではありません。自分自身のスキルアップの目的もありますが、事業承継に関わる現場経験の大きな目的は「周囲の気持ちを理解すること」であり、言い換えれば「従業員との距離を縮めること」です。様々な方と仕事を通じて触れ合い、現場の方々がどのような想いや考えで仕事をしているのか、あるいは自分の意見をどう伝えたら聞き入れていただけるのかを実感するためには、多くの方々と時間を共有することが必要です。このような状況を経ずにいきなり家業に入り込んでいっても、結局従業員は誰も後継者を受け入れてくれるはずもなく、いくら立派に仕事をこなしても建設的に認めてもらうことは困難です。現場を知らない後継者をすんなりとは周囲は認めてくれないものです。

私は「外メシ」を10年ほど経験しました。その10年の間に大学院生として研究にも従事しました。仕事で知り合った先輩後輩、研究で指導を受けた恩師など、多くの方々からご指導を賜りました。わたしたちの業界では、外メシの10年はどちらかと言えば短い期間で、当時は周囲からよく「家業に落ち着くのは早いのでは？」と言われました。後で気が付いたことですが、結果的にはその時点で家業に入ったことは、事業承継に関して言えば時期尚早ではなく、むしろ適切な時期でした。

10年という「外メシ」の期間が長いのか短いのかは、働き始めた年齢や職種、あるいは家業の状況により左右されます。先代経営者が高齢のため早期の承継を望まれる場合はより短期間となり、家業の将来性といった視点で様々な経験を要する場合はより長期間になります。私の周囲にも様々な職種の方がみえますが、職種に限らず平均的にみると約10年が「外メシ」の適正期間であるようです。

◆第2幕　まとめ

1　なぜ親父と息子はケンカするのか？

・経営者と後継者、特に親父と息子の事業に対する見解の相違は「時代背景」が大きく関わっており、双方の「ケンカ」はある意味自然なことである。

・昭和の親父と平成の息子の時代背景の違いは「時間の流れ」と「世の中の情勢」であり、同じ次元で考えようとすること自体に無理がある。

・昭和の親父の本音は「素直に接したい」だが、ガンコ親父は素直に接することが苦手である。互いに平行線を貫くばかりではなく、場合により息子が「折れる」(受け入れる) ことで、双方の円滑な意思疎通が図れる。

2　事業承継に必要な「10年」の意味

・昭和と平成の時代の決定的な差は「時間の流れ」であり、現代は「1年ひと昔」である。この時間の流れを理解せずに昭和の親父と平成の息子が双方理解し合うことは困難である。

・事業承継には10年の期間が必要であり、これは様々な事業承継アンケートの結果からも裏付けされる。
・事業承継は単に業務の引き継ぎだけでは終わらず、経営者と後継者の「意思疎通」のためにもある程度の期間を要する。その「ある程度の期間」として10年が妥当であるという見解は、客観的にも多数意見である。

第3幕　ガンコ親父と偏屈息子、双方の視点

ここまでは事業承継の「概要」と、事業承継にどれだけの「時間」が必要かについて説明しました。事業承継は業務の引き継ぎなどの職務的なことに限らず、財産や権利の移譲や、経営者と後継者の意思疎通、いわば「承継の要」といったことを含めて相応の期間を要します。

事業承継は本来、経営者、後継者のそれぞれの立場を双方が理解し、より円滑な事業承継につなげていくことが理想的です。経営者はいつまでも「俺はこのやり方で成功した」と言い続けるのではなく、「今までは成功していても今後は通用しない」という危機感を抱きながら、自身が築き上げてきた事業の歴史と伝統を引き継がなければなりません。同様に後継者は、自身が直接関わっていない事業の草創期や歴史を十分に理解したうえで、先代から承継した事業を維持発展させる努力が求められます。

１　創業者（経営者）が理解すべきこと

草創期の手法は通用しない　―伝統と手法は「別物」―

この20年ほどでインターネットを中心とした情報化社会へと激変し、前述のように今や時の流れは「10年ひと昔」ではなく「１年ひと昔」の時代となりました。そのため最近まで順調に進んでいた事業の急激な悪化が十分に起こり得る現代です。

経営者と後継者の意見が交差する状況でよくみられるのは、経営者がしきりに、「俺はこれで（自分のやり方で）成功した」と豪語することです。

この感覚は特に創業経営者タイプに多いようです。確かに今の家業が無事存続しているのは現経営者の尽力であり、継続しているという結果が明らかな証拠です。ところが草創期の見解や手法が今後の長期にわたり有効かといえば、その保証はどこにもありません。

私の家業の歴史を振り返ると、過去に二度の経営危機を経験しました。私の家業は一度倒産した事業所、または倒産寸前の法人の経営を引き継いだ事業所が多く存在していました。一度倒産した事業所が私の家業への仲間入りをした時点を各事業所の「一度目の経営危機」とすると、二度目は幸いにも極端な経営危機を迎えた訳ではなかったのですが、二度目の経営危機のときは私もすでに家業の一員として関わっていましたので、私の中ではこの二度目の危機を忘れてはならない教訓として胸に刻んでいます。

二度目の経営危機について少し触れておくと、その原因は「診療報酬改定」という国の定める報酬改定、すなわち外部要因により一時的に業績が悪化したことでした。国で定める診療報酬が一度改定されただけで、我々の事業グループ全体の年間経常利益は改定前の3分の2まで落ち込みました。改めて振り返ると、その当時の家業の状況が「旧態依然」であり、時代の流れに応じた改善がされておらず、すべてが後手に回ったことが原因でした。結果的には外部要因のみではなく、内部要因も多分に影響していたと考えられます。種々の対策を講じた結果、幸いにして短期間で業績は回復しました。診療報酬改定は概ね二年に一度のペースで改定がなされていますが、それ以降は現在に至るまで、お陰様で順調に推移しています。

経営者にとって重要なことは、たとえ過去に成功した経験があり経営手腕に自信があったとしても、「時代の流れ」というものを柔軟に受け入れなければ、一歩誤れば経営危機に陥るという現実が待っていることを知っておかなければなりません。昔の経営者がよく豪語していた「俺は一人で成功した」や「人の言うことを聞かなかったから成功した」は、今の時代には通用しません。家業の伝統を受け継ぎ維持していくことと、いつまでも古い手法にこだわることとは別次元であると考え、まずは経営者としての考え方やモノの見方を柔軟にしておく必要があります。

「俺が一人で成功した」は創業経営者の妄想

本書の随所で強調していますが、経営者の最大の注意点は「裸の王様」にならないことです。「裸の王様」状態になるのは先代経営者のみならず、当然ながら後継者も「〝勘違いの〟裸の王様」という、さらに厄介な王様にならぬよう注意が必要です。

経営者（特に創業経営者）は自身の「城」を築くべく、全身全霊を家業に注ぎ込みます。家庭を顧《かえり》みず、昼夜事業に没頭する経営者の周囲には「取り巻き」が集まり、知らぬ間に「イエスマン」に囲まれた、居心地の良い状態なります。そしてイエスマンに囲まれた経営者は自然と裸の王様になってしまいます。イエスマンに囲まれた経営者は、決まって「俺が一人で成功した」という「妄想」を抱くようになります。過去の失敗を封印し、自分にとって都合の良い結果のみを選り好みして豪語するのは、どうやら創業タイプの経営者にありがちな「気質」とも言うべき共通点のようです。

一方、後継者も往々にして「裸の王様」状態になる恐れがあります。先代よりも事業を拡大したい、もっといろいろなことにチャレンジしたいなど、拡大志向が強い後継者は、先代とは違った意味での「裸の王様」になります。

後継者が「裸の王様」になると先代よりも厄介です。創業経営者とは異なり、後継者は自分自身で苦労して家業を維持してきたわけではありません。やる気に満ち溢れる後継者は古くから事業に貢献していた従業員、特に先代のイエスマンにとっては厄介な存在になります。

たとえ数名の小さな家業であっても、円滑に事業を営む場合は仲間同士のチームワークが重要です。私の家業は医業であり、医師一人では何もすることができず、当然ながら医療多職種と連携したチーム医療が求められます。同様に経営者一人だけで事業が成功することなど、本来はあり得ません。ただ「リーダーシップ」はどの事業においても重要な要素であり、先代経営者や後継者は先導者として存分にリーダーシップを発揮すればよいのです。「事業の成功」と「リーダーシップ」の履き違えには十分に注意が必要です。

「心身ともに健康でいること」の重要性

事業を継続するうえで、経営者が「心身ともに健康でいること」は他の何ものにも代え難い大切な要素です。先代経営者は後継者の「後ろ盾」として、事業承継後の5年から10年は「見守り期間」としてできるだけ健在であるべきという話題は先に触れました。

事業承継を迎える先代経営者は年代的には孫もできているでしょう。これまで家庭を顧みず、何かにつけ息子である後継者との間でのケンカはあっても、孫となると感覚的にはまったく異なり、無条件に可愛く感じられるはずです。これまで家族に迷惑をかけながら家業を死守した先代経営者は、いざ事業承継を決めて引き継いだのであれば引退後は必要以上に口出しはせずに、孫との時間を楽しむくらいの心身のゆとりが必要です。

長寿社会や高齢化社会と言われるようになった現代では単に「長生き」するだけではなく、健康に過ごせる期間をいかに増やすかという「健康年齢」や「健康寿命」が重視されています。いくら元気な経営者でも順に年を重ね、様々な衰えも出てきます。体力的には自信があったとしても、現代病のひとつでもある認知症の状態になると、経営判断が困難になるばかりか、贈与や相続を含めた円滑な事業承継も困難になります。最低でも後継者が経営に浸透して結果を出せるようになるまでは、先代は「口は出さず」も後ろ盾として見守る存在であってほしいものです。

経営者、特に創業経営者は事業への思い入れが強いが故に、経営の一線から身を引く「引き際」を自身で決断することが困難なものです。「ワシはまだまだやれる」といつまでも豪語する経営者も数多くいますが、「まだやれる」、「もう少しできそう」と思うくらいがちょうどよい承継のタイミングです。事業承継後の先代経営者の多くは会長職などの「お飾り役」になると思いますが、引退後は毎日職場に顔を出す必要もなく、逆に毎日顔は出さないほうがちょうどよいくらいです。週に数日は出社し、その他の日はスポーツジムで健康増進するくらいが、後継者や周囲の従業員にもちょうどよい距離感となるはずです。

事業承継後の「親父の理想像」

事業承継後の先代経営者の理想的な在り方はまさに「後ろ盾」です。たとえ円滑に事業承継が進んだとしても、先代経営者にとっては、後継者はいつまでたっても「青二才」です。クチでは「後継者に任せている」と言っても、真に任せられないという本音は一生涯変わりません。後継者に家業を任せたのであれば、先代経営者は「致命的な失敗以外は寛大に見守る」といった勇気が必要です。

事業承継後は、先代と後継者は職場でなるべく長時間一緒にいない方が望ましいです。先代にとっては後継者の言動や社員部下との関わりが常に気になるものです。また後継者にとっては、事あるごとに先代に何か言われる（もしくは何かを社員に吹き込んでいく）のではないかという一種の不安がつきまといます。建設的に考えれば、先代と後継者が二人三脚で家業をこなしていくのが理想的なのですが、実際にはなかなか理想通りにはいかないものです。

前項と重ねまして、引退後の「親父の理想像」として最も大切なのは「元気で長生きする」です。引退後も家業に対して熱を入れる必要はなく（むしろ手を出さない方が無難）、「良いとこ取り」と思われるくらい孫とたわむれたり、地域の登下校の見守り当番などの地域貢献に勤しんだり、あるいはゆっくり夫婦で出かけたりなど、徐々に家業から離れていくことも必要です。平成から令和の時代となり、上皇ご夫妻が以前よりも表舞台に立たれる機会が減ったのと同様に、引退後を悠々自適に過ごしながら「心のゆとり」を持ってもらうのです。

後継者が先代経営者に求めていること

事業承継した後継者が先代に対して抱いている想い（本音）は「頼むから邪魔しないでほしい」が大半です。「よき相談役」として仲良く仕事ができる場合も多く存在しますが、私の周囲を見わたす限り（特に親子の場合）、後継者の多くは「邪魔するな」、「余計なことをしないでほしい」という想いを強く抱いています。これは事業承継にまつわる準備段階から実際に承継するまでの様々な経緯から生まれた想いであり、たとえ心配であっても先代経営者は必要以上に手を出さないという、それなりの覚悟が要求されます。

巷では引退したはずの先代経営者が事業承継した娘社長と骨肉の争いを展開する「お家騒動」が話題となりました。家業の業績悪化を親が助けることはなく、業種の異なる他社が救いの手を差し伸べました。この「手の差し伸べ」には事業戦略以外に「ある想い」があると報道されています。その「ある想い」は、救済に名乗り出た会社の会長が自身の後継予定者であった愛娘を交通事故で亡くし、その娘と救済先の娘社長を重ね合わしていると言われています。ちなみに救済に名乗り出た会長には息子が存在し、ただその息子には後継者の任には無いと、息子を取締役から外したという報道もなされています。本書でも繰り返している「親父と息子」のパターンの難しさを物語る状況であると（あくまでも報道上の話として）推測できます。

私の場合は先代が他界する10年ほど前に家業の一部を事業承継し、その後家業全体の代表となりました。先代である父親が健在のときは、表向きには「息子に任せている」と言いながらも、現場職員に対して頻繁に横やりが入り、かつての自分の「取り巻き」を介して現場への口出しを続けていました。私は「ある程度は仕方がない」と自身に言い聞かせながら、「正直やりにくい」と感じつつ仕事を続けていました。

私が家業の一部を事業承継した当時、私が先代経営者の「口出し」を拒む理由のひとつに、企業の法令順守といったいわゆる「コンプライアンス」の問題がありました。昭和の時代に活躍した創業経営者の多くは、当時の時代背景として「ダメと言われるまでやれ！」や「バレないように上手にやれ！」といった根性論がまかり通っていた時代でした。日本屈指の医療法人グループ創設者である徳田虎雄氏は、若くて元気なころに、自身のお抱え運転手に「黄信号は何も考えずに進め、赤信号は注意して進め」と指示していたそうです。当時は世間一般的にも脱税まがいなことは日常茶飯事で、昭和の経営者はよく「税金は税務署に指摘されたら払えばよい、それまではあまり払うな！」と黒に近いグレーゾーンの経営を継続していました。

このような状況が当然であった時代の先代経営者が、後継者に対して良かれと思い様々な「口出し」をすると、場合によっては新聞沙汰になることもあります。私の場合も先代がこのような「昭和タイプ」で、周囲の取り巻きから「そのような指示は危険です」と忠告されても、「お前は弱気だな」と取り巻きを一蹴していました。単に感情的な意味ではなく家業の危機管理面からも、「経営者の大風呂敷」は時には注意が必要です。

2　後継者が理解すべきこと

前項では私が後継者の立場で経験、実感したことを語りましたが、当然ながら後継者も先代経営者の心境を柔軟に理解する必要があります。

創業者は「永続的に家業を継いでほしい」と願っている

先代経営者、特に創業経営者の多くは、自身が（または代々が）必死に守り抜いた家業を永続的に継いでほしいと願っています。後継者とケンカになると決まって「無理に継がなくてもよい」と言葉に出しながらも、経営者の本音は円滑な事業承継を切望しています。私の周囲でもそのような考え方の経営者が多数ですが、中には「自分（創業者）が事業を始めてしまったがために家族を巻き込む結果となり、息子には申し訳ない」と考えている経営者もみえます。

経営者世代（昭和世代）と比べて後継者世代（平成世代）は仕事も多様化し、また物流やインターネットの発達により事業のスタイルが大きく変化しています。経営者世代が、かつて自身が事業承継した時代と比較しても、現代の後継者世代における時代の流れは比較にならないスピードで進化しています。昔は流行っていた家業も今となっては時代遅れ、といった現象は街中の至るところにみられ、また働く側の感覚も大きく変化していっており、現実的には地元の小売店などは次第に淘汰されています。

後継者（予定者、候補者）で事業承継を自ら強く希望している人は、どちらかと言えば少数派で、逆に「家業を捨ててでも絶対これをやりたい！」という強い気持ちをもっている人も、同じように少ないと思われます。後継者が事業承継という機会を考えるうえでは、まずは先代経営者が家業を築き上げ、継続してきた熱い想いを理解しながら、経営者との「直接の会話」を通じて、事業承継を一緒に考えていくことが重要です。

そもそも「経営」とは何か？（経営に対する想い）

「あなたにとって経営とは何か？」と唐突に質問されて、その返答に難渋する場面は多々あります。私の先代は職員をつかまえてはよく「お前は何のために生きているんだ?」と質問していましたが、唐突に質問された職員は当然ながらほぼ全員、沈黙していました(状況的に当然でしょう)。

さて、経営者に「経営とは何か」と問うと、「(経営は)人生そのもの」と答える方が多いですが、後継者が自信をもって「経営」なり「人生」を語ることは難しく、本音を言えば「そこまで経営に執着はない」といったところでしょう。

私の尊敬する経営者で、カレーで有名な「CoCo壱番屋」創業者の宗次徳二氏は自書『夢を持つな!目標を持て!』の中で、「経営は「継栄」、継続して栄えなければ意味がない」と語られています。

仮に私が同じく「経営とは何か?」という質問をされた際には、私にとって経営は「たまたま与えられた役割、いわば「使命」です」と返答しています。特に二代目以降の後継者は家業といった環境的な流れで事業を担うケースが多く、そのような意味合いであれば「使命」よりも「指名」でしょうか。

少し話題が外れますが、私はこれまで多くの経営者の講演を拝聴する機会があり、講演での話に慣れている演者(経営者)は、清聴している人たちを飽きさせないように様々な工夫をします。会場を歩き回ったり聞いている人たちに質問したり、また話の合間に「ダジャレ」を多用することもあります。「CoCo壱番屋」創業者の宗次徳二氏のご講演も滑らかな口調で流れるようにダジャレを多用し、拝聴する私たちをとても楽しませながら、経営の真髄をしっかりと伝えていらっしゃいました。このような話術は講演そのものに慣れているのはもちろん、心にゆとりをもって語っていることの表れだと感じます。

話を戻しますと、経営とは「想いを体現化する機会」であり、「関わる人たちと喜びや遣り甲斐を共有しながら、事業を継続、発展していくことで社会に貢献する」という考え方でよろしいかと思います。

なぜ経営者は「人の言うことを聞かない」のか？

経営者、特に創業経営者は気質的にも個性的な人が多く、だからこそ成功していると言えるのかもしれません。

経営者は往々にして、周囲の意見を聞き入れません。と言うより「意図的に聞き入れようとしない」と表現したほうが適切です。この「意図的に聞かない」には大きく2つの理由があり、ひとつは「聞かない」のではなく「自身の考えがぶれないように集中している」という点、もうひとつは「精神衛生上あえて余分なことは聞かないようにしている」という点です。

建設的に考えれば、ときに経営者は周囲が何を言おうとも突き進んでいかなければならない場面があります。仮に周囲の意見に従い、結果的に失敗したとしても、その責任を周囲に押し付ける訳にはいきません。そのような意味では「聞いた通りには動かない」場面も必要です。

一方で「敢えて聞き入れない」面もあります。経営者は立場的にも精神的なストレスを多く抱えています。周囲の意見がすべて心地よいことはなく、愚痴や耳障りな内容であったり、自身の判断に迷いを生じさせたりと、経営者自身には負の影響を及ぼす場合もあるからです。このように精神衛生上の視点から、仮に会話の中に有益な情報が混在していたとしても、総合的には周囲の意見を聞かないほうが無難であるという想いに至ると、意図的に周囲の意見を遮断します。このような想いは私が経営者になってから実感したことのひとつですが、私が後継者の時期に「何で先代経営者は人の話を聞き入れないのか？」と漠然と疑問に感じていた程度でした。

経営者におけるこのような「心境」は、途中の段階から家業の経営を見ている後継者には理解しにくいものです。「周囲の意見を聞き入れないなんておかしい」と、経営者が周囲の意見を聞き入れない状況に対して、逆に後継者がストレスを感じる場面はいくつもあります。

経営者の本音からは、本来であれば周囲の意見も「一理あるかもしれない」という想いで聞き入れたいはずです。ところが周囲の意見そのものがかえってストレスや自身の迷いとして感じることが多くなると、やがて周囲との会話を避けるようになります。そのような状態が続くと、経営者は逆に「心地よい話をするのは誰だ？」という考えに変化し、結果的には周囲にイエスマンが増えていくという悪循環に陥ります。

私も後継者から経営者の立場となり、今では両者の立場を理解できるようになりました。仕事の上でもプライベートでも、とても楽しく話ができる人もいれば、何かにつけて他人の愚痴や悪口を話す人もいます。経営者にとって「心身ともに健康であること」は健全経営を推進するために最も重要です。そのためには、多くの意見を聞き入れて総合的に判断する能力も必要ですが、自身の精神状態をコントロールできる範囲で周囲の話を聞き入れるほうが穏便に過ごせます。

このように経営者は（もちろん性格的に頑固で他人の話を聞かない方は除いて）、状況に応じて「敢えて」周囲の話を聞かない場面があることを、後継者は理解しておく必要があります。

後継者は永遠に先代と比較される ― 比較されることにはあまり意味がない ―

事業承継が円滑に進み後継者の代になってからも、後継者は先代と比較される場面がとても多くあります。先代よりも余程の大きな結果を出せば周囲の見る目も変わりますが、礎を築いた先代の印象は強いもので、後継者がかなりの努力をしたとしても、周囲からは「先代が頑張ったからね」と評価されます。

私の状況においては「医療法人の経営交代」を先代から徐々に進めていました。私が家業に入ってからとそれ以前とを比較すると、事業規模や売上規模は2倍以上に成長しました。ところが後継者である私が評価されることはほとんどなく、いつまでも「先代の先見の明はすごい」「先代の功績」と周囲から言われ続けていました。先代が他界してからは先代への賛美も少なくなりましたが、だからといって後継者である私が「立派だ」とか「すごい」と言われることはありません。そのような意味では結果を残した創業経営者というのは、業種や規模を問わず偉大であると感じます。

以上のような経験から私が強調したいのは、後継者が先代経営者と比較されることは当然であり、それはそれでよい（要は「言わせておけ」くらいの器量で聞き流せ）という意味です。言い方を変えれば、比較されること自体に大義はなく、その比較自体は「周囲に注目されている」といった程度に捉えておけばよいです。近年話題となった大手家具会社の創業者と娘社長との比較も、世間がただ他人事として注目しているだけであり、冷静に考えればその両者の比較に大きな意味はないはずです。仮に二代目以降の立場の方が先代との比較を気にするのであれば、同じ土俵ではなく新たなステージで結果を出すという選択肢もあります。

そもそも事業承継の目的は、特に家業の場合は、先代との比較ではなく「事業の継続」であるという視点を見失わないように、自戒の念を込めて留意したいものです。

自己中心的な経営者をどう「観る」か？

私の先代は家業の創業者であり、まさに「わがままで自己中心的」な経営者の典型例でした。いわゆる「昭和の経営者」であり、私の周囲にも少なからずそのようなタイプの経営者は存在します。傾向としては「創業型」か、または家業を承継して大きく発展させた「成功型」には、このような自己中心的タイプが多いように感じます。

私の持論として、人生は何事も「バランス」であると考えています。たとえば事業においても永遠に成功し続けることも、逆に余程の放漫経営でなければ永遠に失敗し続けることもないです。同様に幸福が永遠に続くこともなければ長年の不幸続きというのも無いように思います。人生いろいろな場面で転機があり、結局は落ち着くところにたどり着くのが人生であると感じています。

この持論に当てはめれば、「成功タイプ」の自己中心的な経営者は人生のどこかで（多くは事業の草創期に）多大なる苦労を強いられた経験があり、事業が軌道に乗り安定したころにようやく、周囲にわがままが言える状態（実際に言うかどうかは別として）に落ち着きます。「事業の成功」という決定的な事実は、そこに関わる多くの人から称賛なり共感を得る一方で、油断や勘違いで「わがまま」が暴走してしまうこともあります。

その「わがまま」が長期間続くと、やがて事業の衰退や何かしらの失敗が訪れます。私の周囲でも「わがまま」を継続した経営者や、周囲を必要以上に蹴落として上層部に這い上がったようなタイプの多くは、結果的には成功者として残っていません。ただ歴史に名を残すような偉人の域に至るには「わがまま」を押し通す図太さも必要なのかもしれません。一般的には（特に家業のような場合は）、常に謙虚な姿勢で自己自制できる人の方が長年の成功者として慕われます。そのため多くの著名な経営者は「謙虚」や「自助努力」という言葉を大切にしているのでしょう。このようなことからも「人生はバランス」という言葉が当てはまります。

私も重々に注意していますが、後継者の立場や、経営者としてこれから走り始める皆様も、くれぐれも横柄な態度は慎み、ぜひ「謙虚」な気持ちで社会貢献を推進していきましょう。

なぜ「結婚」することが大切なのか？ ― 結婚も経営も「覚悟」と「決断」―

私は大学卒業後に資格を取得し、家業以外での「外メシ」を10年経験してから家業に入りました。外メシの時代は「職人」として医療の知識や技術を学び、また働きながら大学院へ進学して医学研究にも取り組みました。家業に入ると後継者としての管理業務、すなわち経営に関わる税務、財務、労務や法律といった基礎知識を学ぶ体制へと変化しました。当時を振り返ると、家業に入ったころはまるで「第二の人生」の如く仕事内容が大きく変化した時期でした。

前述しましたように家業に入り経営や管理業務の勉強をスタートしたころ、家業の顧問会計事務所の所長税理士が私の指導役として、月に一度の会計関連の勉強や、「机上の空論」にならぬように事業所の現場回りに同行するなど、現場の実態把握に努めました。

家業に入った当時、私は30代半ばで「独身」でした。それまで結婚を拒んでいたわけではありませんが、結婚自体を強く意識しておらず、医療に24時間拘束されている自分が「家族を持つ」ということが想像できなかったなど、思い返せば結婚に対する「言い訳」がたくさんありました。

当時は私の指導役であった税理士から「早く結婚しなさい」とよく忠告されたものです。その理由は「家族を持たないリーダーはスタッフの心境は理解しにくい」ということでした。さらに加えて「誰でもいいから早く結婚しなさい」とまで言われました。独身に限らず既婚者であっても唐突に「誰でもよいから結婚しろ」と言われ、すんなり受け入れるのは困難でしたが、その意図は「誰がパートナーでも上手くやっていかなければならない」という、人生の先輩としてのメッセージであったように思うのです。

そのころの私は、結婚については自分中心にだけしか考えていませんでした。長く独身を貫いている方であれば同様の想いは理解していただけると思います。ところがその指導役に促されて結婚を意識するようになり、「結婚というのは自分だけのことではない」と、徐々に理解できるようになりました。ちょうどそのころに知り合った女性と無事結婚するに至り、新しい家族を持つという幸せに恵まれました。

私が結婚に至るまでの経験から痛感したのは、「自分のことになると、男は土壇場で弱い！」ということでした。

前述のように仕事や他人事についてはかなり思い切った判断ができる人でも、いざ自分のことになるとなかなか決められない、そんな男性リーダーは意外と多いはずです。私の「土壇場で弱い談」をネタに、これまでに10組ほどの縁談を後押ししたのですが、結婚を意識しているカップルで結婚に至らない原因は、ほぼ例外なく男性側の「決断不足」（優柔不断）にあります。カップルの結婚を成功させるには男性側の背中を押してあげるだけ、これだけでかなりの確率で結婚に至ります。

話が逸れましたが、本題の「なぜ結婚が大切なのか」について、そのひとつは「自分の周囲を理解する」ためであり、さらには「異性の心境を理解する」ということです。私の職場は医療関係のため女性従業員の割合が多いという特性があります。女性には「乙女心と秋の空」とか「（女性）特有の世界がある」といった、男性にはよく理解できない現象が起こります。とくに経営者などのリーダー役は、この「不可解な女性心理」を柔軟に理解するよう努める必要があります。

「結婚する」ということは、所詮他人同士である男女（一般的には）が、同じ屋根の下で共に生活を営み、子を授かり家族を形成していく、という流れが一般的です。夫婦になったからといって何でも許されるわけではなく、もちろん夫婦間でも「言ってよいことと悪いこと」があります。夫婦の普段の何気ない会話にも「タイミング」

を意識する場面はけっこうあり、内容や局面によっては仕事仲間より夫婦のほうが気を使うこともあります。

結婚の重要性に関連していえば、育児の経験もリーダーになるための経験として大切です。育児を通じて様々な苦労を共感し学ぶことや、逆に育児を通じて貴重な体験をすることもあります。世間では「育児休暇」の話題もありますが、その趣旨は単に休暇を取ればよいという訳ではなく、夫婦お互いの気持ちを理解し助け合う機会とすべきです。

ちなみに私は業務を1時間だけ早く切り上げる「育児早退」を妻の産後1ヶ月間ほど取り（その代わり朝は早めに出勤）、買い物や料理を手伝いました。丸一日休まなくても十分に「理解し助け合う機会」が持てました。

育児に限らず、家庭が円満でないと仕事にも支障をきたすため、日ごろから家庭円満への努力と協力が不可欠です。

郵　便　は　が　き

467－0803

お手数ですが、切手を貼って投函してください。

名古屋市瑞穂区中山町５－９－３
桜山社
直球で伝える事業承継　係行

このたびは小社の書籍をご購入いただき、誠にありがとうございます。今後の参考にいたしますので、下記の質問にお答えいただきますようお願いいたします。

●この本を何でお知りになりましたか。

□書店で見て（書店名　　　　　　　　　　　　　）
□ Web サイトで（サイト名　　　　　　　　　　　）
□新聞、雑誌で（新聞、雑誌名　　　　　　　　　）
□ラジオ番組で（番組名　　　　　　　　　　　　）
□その他（　　　　　　　　　　　　　　　　　　）

●この本をご購入いただいた理由を教えてください。

□著者にひかれて　□テーマにひかれて
□タイトルにひかれて　□デザインにひかれて
□その他（　　　　　　　　　　　　　　　　　　）

●この本の価格はいかがですか。

□高い　□適当　□安い

直球で伝える事業承継

●この本のご感想、著者へのメッセージなどをお書きください。

お名前　　　　　　　　　　　　　性別　□男　□女　　年齢　　歳

ご住所　〒

TEL　　　　　　　　　　　　　　e-mail

ご職業

このはがきのメッセージを出版目録やホームページなどに使用しても

可・　不可　　　　　　　　　　　　　　　ありがとうございました

◆第３幕　まとめ

１　創業者（経営者）が理解すべきこと

・「伝統」と「手法」は別次元で考える。いつまでも「俺はこれで成功してきた」は通用しないばかりか、周囲の士気が下がる。

・「俺が一人で成功した」は立派だが「妄想」である。「陣頭指揮をとること」と「結果を出すこと」は別次元である。

・後継を予定している経営者にとって最も大切なのは「健康で長生きすること」と「余計な口出しはしないこと」である。

・事業承継後の先代経営者の理想像は「静かに見守ること」である。承継後も先代経営者の存在はときに求められるが、それと「口出し」することを混同してはならない。敢えて「口出し」しなくても、後継者は先代経営者の存在をどこかで求めているものである。

2　後継者が理解すべきこと

・「不器用」な先代経営者の真意を理解する。事業承継の必要がないと豪語する経営者ほど、間違いなく家業を継いで欲しいと考えている。

・後継者は「経営」を難しく考える必要はない。経営で大切なのは「想い」であり、その「想い」をどう具現化するかが求められる。

・後継者は先代経営者と比較されるが、その比較の中に「一理ある」と受け止める器量が必要である。その器量が増えれば周囲からの比較は自然に消えていく。

・結婚は経営と同じ「覚悟と決断」である。結婚は絶対条件ではないが、家庭は小社会の核であり、家庭を円満にすることは後継者自身の成長には不可欠である。

第4幕　事業承継の実際

前幕では事業承継に関連する経営者と後継者、双方の「心得」を語りました。特に承継する側の経営者は事業に対する想いが強く、それが故に後継者への精神的負担になりがちです。経営者は自分の想いだけでは円滑な後継が進まないことを十分に理解したうえで、事業承継を終えた後は「口出ししなくて済む」ように準備する必要があります。自分の準備もままならない状況で、周囲や後継者側に対してのみ理想を追求したところで、円滑な事業承継は困難となるばかりです。

第4幕では筆者が直に体験した事業承継の「実際」を忠実に語ることと併せて、読者の皆様が〝コンサルタント〟と称する方々と日ごろ話している内容との「差異」や「違和感」を感じていただければと思います。

１　円滑な事業承継のために

本当の意味での事業承継　― 先代が他界してからが本番 ―

私にとっての「ガンコ親父」は実の父で、家業の創業者であり、まさに昭和のガンコ親父を代表するような典型的ワンマン経営者でした。人付き合いが不器用で特に親族との交流はほとんど無く、周囲に寄り付くのは仕事上の利害関係者か、または自分を「王様気分」にさせてくれるイエスマンの部下でした。先代は何かにつけて「ここまで成功したのは俺一人で頑張ったからだ」とか「他人の言うことを聞かなかったから俺は成功した」などと豪語し、それを聞くたびに呆れていました。

昭和初期、特に「昭和13年の寅年」生まれにはこのようなワンマンタイプの経営者が多いと聞いたことがあり、先代もまさにその年の生まれでした。干支が特別に影響しているとは考えにくいのですが、時代背景的に当時のその年代の方々は後の戦争体験が大きく影響していたように感じられます。私の父も戦時中に満州（当時）に行ったことや食糧不足の時代をよく語っていました。

そのような時代背景で「生きていく」だけに必死であった先代と、平和な時代に生まれ育った私が、そもそも考え方が合う訳がないと、家業に戻ってしばらくしてから気づきました。父が他界してしばらく経った今でも「(経営に関しての)考え方が合わないのは仕方がない」と感じていますし、逆に合わないことが悪いとか、家業の何かの支障となると感じたことはないです。父親と私が言い合いになるとよく周囲からは「経営者(父)と後継者(私)は仲が悪い」と言われていたようですが、私自身は仲が悪いとか争っているとは思っておらず、ただ考え方が異なるが故に意見の言い合いになるだけであり、結果的にそれでよかったと今でも感じています。

不器用で意固地な先代はよく「明日は(家業が)潰れるかもしれないと思って毎日生きている」と語っていました。家業に戻った当時はその言葉を聞くたびに「潰れないような事業を構築するのが経営者の役目だろ」と感じていました。しかしこれは当時まだ私が経験不足であり、かつ後継者の立場であったために実感として気が付いていなかったのです。経営者であれば共感していただけると思いますが、事業安定の保証などは絶対に有り得ませんし、いつ潰れるか分からないと考えるほうが一般的です。私が事業承継して経営者の立場になって、当時先代が語っていた考えがよく理解できるようになりました。

経営者なら少なからず「物事に絶対は無い」という、いわば恐怖や不安の想いを抱いているはずです。これは後継者という〝二番手〟では実感できない感覚です。この感覚を肌で感じられるようになると、ようやく二番手から脱却できます。

事業の存続に「M&A」は最適な手段か？

近年増加傾向にある事業承継や経営交代の手法として、「企業の合併買収」(Mergers and Acquisitions：M＆A）があります。後継者が不在（存在していても意図的に承継しない場合も）である場合や、資金面など経営環境的に事業の継続が困難な場合など、M＆Aに至る理由は様々です。

私の家業は複数の事業所を抱えていますが、その多くは元々、倒産または倒産寸前の事業所を「そのまま引き継ぎ」の形で承継した事業です。これまでに私の家業に仲間入りした事業所の中には、何かしらの形で前経営者の後継者候補（後継者となり得る子息など）がいました。ただ後継者がいてもそのまま後を継ぐ訳ではなく、本業とは異なる仕事に就いてしまったり、あるいは事業承継の意思はあっても承継に必要な資格が取れなかったりと、結果的に事業承継には至らず断念したという理由から私たちの元へ事業譲渡の話が来ることがあります。

このように後継者が存在したとしても必ずしも事業承継に至る訳ではなく、後継者が事業承継自体を拒否、あるいは経営者が意図的に親族に承継しない（させない）場合もあります。また前述のように、資金繰りの悪化などで後継者に承継する前に事業の存続が危うくなり、不本意な形で他者への事業譲渡に至る場合もあります。

私の場合は、M&Aという形での事業拡大を重ねながらの家業を、そのままの形で親から承継しました。その経験から感じたのは、たとえ身内に後継の候補者がいたとしても、何らかの理由で円滑な事業承継が進められない場合も数多くあるということです。M&Aという形での事業承継は、事業を継続する目的としての一手段と考えれば効果的です。あえて親族に承継しないほうが、結果的に事業が存続する場合もあります。ただ私の経験からは、事業そのものの将来性を危惧する必要がなければ、できれば親族間での事業承継が望ましいです。

税務調査は何も怖くない　―必要なのは「事実と根拠」―

私が家業に戻った後、約10年の間に3度の税務調査（法人）を経験しました。さらに先代が他界した後の、相続関連の税務調査も経験しました。私の家業（法人）は関連する事業所が複数の都道府県に散在し全体として複数の事業所を有することから、法人の税務調査は地域の所轄税務署ではなく地方国税局の対応となっています。その関係で私個人の税務調査（相続調査）も地方国税局の対応となりました。このように私の環境は法人も個人も国税局が対応しておりますので、私の実体験は客観的な見解として、日ごろ税務調査で疑問を抱いている読者には「生の声」としてお伝えすることができます。

税務調査は事業規模によっては経験されていない方も多いと思いますが、事業を継続するうえで税務調査は避けられない「課題」となります。税務調査に対する一般的なイメージは「税務調査は犯人捜しだ」とか「税金を無理やり取りに来る」といったマイナスの印象が強く、経営者本人はもとより、後継者や家族にとっても漠然とした不安要素が多いと思います。

私は実際に税務調査を経験していることもあり、税務調査については右記のようなマイナスの印象や恐怖心はかなり少ないと考えています。その理由は次項の話題である「誠実な経営姿勢」と「根拠」を持った財務運営を心掛けているからです。「事実と根拠」で財務運営がなされ、かつ判断や考え方に客観性（いわゆる「社会通念上」の見解）が備われば税務調査の「鉄壁」となります。「事実にもとづく根拠」は税務調査官からの指摘に対して「鉄壁」であるばかりでなく、逆に「何でそのような（不可解な）質問をするのか？」という反論も根拠をもって示すことができます。

税務調査はまず「大木の幹」から調べます。多額の資金移動や売上の変動、特に短期間で売上が急増している場合などは調査の対象となります。主に経理財務関連の調査で「大木の幹」に問題がない（または問題を発見できない）と判断した場合は、さらに細部の調査すなわち「木の葉」の運びとなります。そして最終段階（または調査中を通じて）には「大木の根」の部分、すなわち経営者や従業員の「姿勢」を確認します。生活面での派手さから経営者の発する会話まで、いろいろな部分で「本質」を見抜くことを進めてきます。経営者や家族、従業員から発する雰囲気で「ここは大丈夫」と思われるか、逆に「ここは怪しい」と思われるかにより、税務調査の「本気度」が変わってきます。

以上のように税務調査は「そのとき（調査のとき）だけ」注意するのではなく、日ごろから細かなところにも注意を払い、経営者が自ら健全な財務運営を心掛けるべきです。「姿勢」や「雰囲気」だけでなく、ある程度の財務的な知識、たとえば簿記資格を取得しておくなど、経営者自身も（もちろん後継者も）必要な知識は備えておくべきです。税務調査の際に「税理士に任せている」の一点張りでは調査官に対する心証も悪化しますので、「この経営者は状況を理解している」と感じさせる程度の知識は習得しておくべきです。ちなみに「何の勉強、何の資格がよいのか？」については別の項でも触れますが、私の経験では「日商簿記3級」程度は必須です。業種にもよりますが（製造業なら2級が必須）、一般的な「（経理上の）数字の会話」ができるようになるためには、最低でも日商簿記3級に準じた知識を、できれば早い段階で習得すべきです。その他知識を広げる意味では「FP（ファイナンシャル・プランナー）」や「ビジネス会計」といった資格も、財務運営の周辺知識として活かせると思います。

話を「事実と根拠」に戻しますが、この項の後半に「知識」の話を加えた理由には、自分都合の安易な解釈（先に述べました「都合上の拡大解釈」）で財務運営を行わないようにするためです。世の中には「領収書は全部経費になる」と豪語する方や、不可解な節税対策話を持ちかけられる（よくある「節税でマンション買いませんか？」の勧誘など）、あるいは逆に税務調査官からの「吹っかけ」にあうなど、いろいろな「罠」が存在します。そのような「罠」を冷静に判断するための「知識と判断力」と、その根拠となる「事実」が備わっていれば、それが事業を守るための「鉄壁」になります。

「誠実な経営姿勢」を意識する

前項「税務調査は何も怖くない」に関連しますが、税務署や調査官は経営者なり後継者の「姿勢」をかなり重要視します。「ウチは出来の良い会計事務所に任せているから安心だ」と豪語する経営者がみえますが、調査官の着目点はあくまでも事業の指揮者である経営者の素性や姿勢です。もちろん信頼できる会計事務所に任せることは大切なのですが、だからといって丸投げで任せてよい訳ではありません。会計事務所が主導で調査官に対応したとしても、最終的には経営者自身の責任になるのだと十分に承知しておく必要があります。仮に税務調査の際に調査官の前で「ウチは会計事務所に任せている」と経営者が自信満々に語ると、「この経営者は実態を把握していない」と捉えられ、逆効果になります。

では具体的にどのような姿勢が経営者に求められるかと言えば、それは「誠実で正しい」という、ある意味当然の姿勢です。この趣旨を理解せずに「そんなことより具体的な手法を聞きたい」と感じられた方は、残念ながらその時点でご自身の誠実性について再考すべきです。

「誠実」であるということは、税務調査に関して言えば「正しく経営処理がなされている」あるいは「正しく納税している」であり、経営者の財務運営に対する基本姿勢となります。

事業における経費の使い方については、たとえば「交際費」については政府自体が経済活性化の一因として容認している部分もあります。ただ先に述べたように、特に税務調査（特に現場調査）においては、財務諸表よりも経営者の資質を重点的に確認されます。仮に家族で外食した食事代を「事業用」（交際費や会議費など）として費用計上し、それを税務調査で指摘されても、現実的には大きな問題はないと思います。ところが社内に身内以外の経理担当者がいれば「これはプライベートだろう」とすぐに分かりますし、そのような事象が重なれば税務調査以前に内部の信頼関係にも影響を及ぼします。

懸命に領収書を集めて苦し紛れの損金計上をしても、中小企業であればせいぜい年間数百万円程度です。そのような小細工で得することを考えるより、信頼を損なうことのほうが代償が大きいと理解しておくべきです。

２　「コンサルタント」はどこまで信頼できるか？

「コンサル」の意味を知らないコンサルタント

「事業承継」は経営者自身はもちろん、後継者にも大切であり、多くの場合は双方不安を抱えながら手探りで進めることとなります。そこでよき相談相手となるのが「メンター」や「コンサルタント」と呼ばれる専門家の存在です。

「コンサルタント」とは、『大辞林』（第三版）によれば「ある分野についての経験や知識をもち、顧客の相談にのって、指導や助言を行う専門家。特に企業の経営・管理術などについて、指導や助言をする専門。」とあります。そして世の中には様々な領域で「コンサルタント」と称する方がたくさんみえます。

私はこれまでに家業である医業経営に関して、「業界の事情をとてもよく理解している」や「医療経営の独自性を理解したうえで適切に助言している」と感じたコンサルタントにお会いしたためしがありません。税務など会計知識の面ではとても優れた方はみえましたが、「大幅に経営が改善できた」とか「とても有益な指導をいただいた」と実感できるまでのコンサルタントには残念ながら巡り合えていませんし、私の周囲の同業者でもそのような話を聞いたことがありません。

コンサルタントと呼ばれる方々に対していつも私が不思議に感じるのは、「実際に経営を経験したことのない方々がどうやって本物の経営者に助言できるのか？」という疑問です。私がこれまで出会ったコンサルタント（と称する方々）には、実際に医業経営の経験者はもちろんいませんし、本当に経営手腕に自信があるのならコンサルタント本人が経営すればよいと思います。

私は過去に、コンサルタントを名乗る方に「そもそもコンサルタントって何ですか（何をしているのですか）？」と質問したことがあります。たまたま私が質問した方々だけかもしれませんが、意外にも明確な回答は得られませんでした。ただこのような基本的なことを意外と知らないというケースは多々あり、たとえば「虫歯はなぜ歯が黒くなるのか？」と、現役の歯科医師３名に質問しましたが、驚くことに全員が「分からない」と返答しました。

話を戻すと、経営経験の無いコンサルタント等の助言よりもはるかに参考になるのは「実際に結果を出した人が語る現実」です。多くの場合「結果」はそれだけで説得力があり、「結果」そのものについては認めざるを得ない事実です。野球界で言えば、イチロー氏や大谷翔平選手が一定の評価を受けているのは、彼らが実際に「人並み外れた結果」を出し続けているからです。

私はこれまでの経験をもとに、周囲の同業経営者や異職種の後継候補者などにささやかなアドバイス（経営や事業承継など）をさせていただきました。お話をさせていただいた皆様にどの程度お役に立てたかは分かりませんが、実際に経営経験のないコンサルタントのお話よりは、手前味噌ですが多少はお役に立てたのではないかと感じています。

ここで私が自身の経験から考える「よいコンサルタントの見分け方」について追記します。

当然ながら、まずは「誠実であること」です。コンサルタントからの助言は、ときには耳の痛い話も受け入れる必要があり、心地よい子守歌ばかりを聞いている訳にはいきません。経営者ともなれば、周囲は自分に対してなかなか注意もしてくれなくなります。自分自身を律する意味でも、より客観的な関係の構築が大切です。

一方、こちらからの質問に対して「……の可能性がある」や「……の恐れがある」という曖昧な言葉を並べるコンサルタント（の助言）は注意が必要です。私がこの手の返答でよく経験したのは税務管理についての質問でした。前述の贈与に関する質問（定期同額贈与の是非）やふるさと納税の「返礼品」の扱い（一時所得として）についてはなかなか正解が得られず、私が直接税務署に電話または出向いて見解を確認しました。もちろん「過信しないように」という牽制の意味で、コンサルタントが良かれとして「……の可能性がある」と忠告していただくこともありますが、抽象的な表現を並べられても返答を受けた側は「じゃどうすればよいのか？」とただ悩むばかりです。経験や知識が豊富であればそれなりのアドバイスや適した表現があるはずです。

単に「可能性」や「恐れ」までで話が終わるような回答は、むしろ聞かないほうがよいです。

現場（顧客訪問など）に姿を見せずに、部下の報告だけを聞いて助言するコンサルタントも注意が必要です。「そんなコンサルタントがいるのか？」と感じられるかもしれませんが、意外にいるものです。顧客と直接会話をしなければ分からない場面（ケース）はいくつもあり、話の内容だけでなく面会時の雰囲気や会話には直接表れない顧客の想いなどは、普段顧客と密に接している部下からの報告であっても正確には伝わりにくいものです。

コンサルタントと称する方に助言を求める場合には以上のような点に注意して、過度に頼りすぎるのではなく「コンサルタントを使いこなす」という気持ちでぶつかっていくことをお奨めします。

「コンサルタント」や「メンター」との適度な距離感

本書で何度も紹介している、私が後継者の時代にとてもお世話になった「コンサルタント」や「メンター」と呼ばれる方がみえました。私は大学卒業後に約10年の「外メシ」を経験してから家業に入り、その後税務や財務に関する指導を中心に、家業の現場管理にも同行（今で言うところの「ＯＪＴ」（On the Job Training））しながら直接指導を受けました。その「メンター」は、先代経営者の父とは旧知の仲で先代を「オヤジ」と呼び、まさに「大将と番頭」の間柄でした。家業以外のプライベートな相談まで幅広く対応していただくなど、先代だけでなく私もその「メンター」には多分にお世話になりました。

その「メンター」はよく「俺とオヤジ（先代）は一蓮托生だ」と話しており、私に対しても厳しくも優しく対応していただき、このような良い関係が永遠に続くと当時は感じていました。

ところが家業の規模も徐々に大きくなり、ちょうど時期を同じくしてその「メンター」も多忙になっていきました。ある時期から徐々に疎遠となり、後に会計事務所としての顧問委託契約を終了する運びとなりました。

私が「メンター」によくお世話になっていたころは、家族や親族のような感覚で接していました。ところが「ウチの家業と家族を一生涯面倒見る」とも話していた間柄は永遠に続くことはなく、残念ながらやがて疎遠になるという経験をしました。

その経験から強く感じたのは、コンサルタントやメンターといった自分に近い存在との「適度な距離感」の必要性と、自分にとっての「メンター」は自分自身で見つけ出すことが重要であるということです。当時の「メンター」は、元々は先代のコンサルタントでありメンターでした。良好な関係は長く続かず、それまでお世話になったメンターと離れることとなり、私は自分の足で次の会計事務所を探しました。

人は誰しも弱いもので、何も困っていなければ横柄になり、困り事があれば他に助けを求めます。コンサルタントやメンターといった近い関係になりやすい人とは距離感も縮まりやすく、必要以上に依存することもあります。もちろん互いに切磋琢磨できる関係であればよいですが、何かにつけ頼りすぎてしまわないように「適度な距離感」が必要です。

コンサルタントの見分け方、活かし方

コンサルタント業を主として活躍している皆様には失礼な内容となりますが、コンサルタントを受ける側の視点で、私の経験から「コンサルタントの良し悪しの見分け方」についてお伝えします。

まず「現場に足を運ばない」、「依頼する内容の経験や知識が少ない」といったコンサルタントは論外です。「現場を見ないコンサルタントがいるのか？」と感じられる

かもしれませんが、前述のように部下からの報告だけで助言を行う（行おうとしている）コンサルタントも存在します。このような場合はコンサルタント本人と直接話をすれば「この人は全然理解していない」とすぐに分かります。コンサルタントに限らず現場を直視しない経営者も同様で、現場が分からない人たちが発する言葉は、単に現場や従業員を混乱させるだけです。

また事業の規模を大きく超えて「壮大な夢」や「根性論」をアドバイスするコンサルタントも要注意です。ただ「壮大な夢物語」を好む経営者も（特に創業経営者）いますので、コンサルタントからの〝大きな話〟には注意する必要があります。先代経営者からバトンタッチして間もない時期は後継者自身が現場と調和し、家業の「足元」を固めることが最優先となります。コンサルタントの〝大きな話〟は話半分程度に留め、まずは目の前の現実を注視していくべきです。

「壮大な話」と関連しますが、心地のよい話題ばかりを振ってくるコンサルタントも要注意です。別項でも述べましたが、経営者は心身ともに健康であることが大切で、そのためには精神衛生上悪影響のある話はあまり聞きたくないものです。そのため都合のよい話を好み、そうでない話が現場で起こっていても軽視してしまう傾向（場合によっては関わらない）となります。繰り返しますが「現場」は事業の基本であり大切な場所です。たとえ身内からの話であっても人伝えの話のみで現場を把握すると判断を誤ってしまうため、面倒でも必ず自分の目で確かめる努力が必要です。

自分にとって良いこともそうでないことも、現場で起こっている現実は謙虚に受け止め、その都度しかるべく対応を重ねることが経営者（後継者）には求められます。「都合の悪い、聞きたくない話」であっても冷静に説明していただけるコンサルタントがいれば、謙虚に耳を傾け様々な問題を解決していくなかで、結果的にそれが安定経営への近道となります。

結局のところ、コンサルタントの「活かし方」は経営者や後継者自身にあるのです。

3　金融機関は家業をこのように見ている

融資に「自社の魅力」は関係ない

事業を営んでいると少なからず金融機関とのお付き合いが必要となります。融資を受けられた経験があればご理解いただけると思いますが、金融機関が融資する際に重視しているのは「自社の魅力」すなわちブランド力や知名度、ではありません。もちろん世界に名の知れた大企業や規模の大きな会社となれば話は別ですが、中小企業や個人事業といった次元であれば「自社の魅力」は示しにくいものです。

中小企業や個人事業を含め、金融機関が最も重視しているのは融資先の「生産性」すなわち「売上」です。「売上ではなく利益では？」と思われがちですが、もちろん事業の収益性という観点からは利益（経常利益など）も見られます。ただ利益は売上が適正であれば内部で調整できる（たとえば経費削減や報酬調整等）ものであり、事業活動の成長性の指標である「売上」の流れは最も重視されます。実際に融資を受ける場合に、売上（実入り）が少なければ事業として成長していない（売れていない）と判断されます。かつては名の知れた国内名門企業が海外企業の買収対象になってしまう状況が近年では散見されます。これはまさに「ブランドだけでは生き残れない」ことを象徴しています。

家業が周囲から受けている世間一般的な（表面的な）評価と、金融機関から融資を受ける場合の評価は、往々にして反比例する場合があります。わたしたちの医療業界で言えば、いつも待合室が混み合っている病院は、一見すると儲かっているようにみえます。ところがそのような病院ほど「赤字」が多いという現実です。

参考までに、「病院情報局」が公表している全国自治体病院の平成27年度「純医業収支ランキング」によれば、全国７９３の自治体病院において収支がプラスとなっているのはわずか27病院のみで、多くの自治体病院は赤字を税金で補てんして運営している状況です。診療内容や医療技術が一流で患者さんが溢れている病院でも、そのことと経営状態は比例しないものです。このことからも金融機関が融資をする際の評価項目は「自社の魅力」だけではないと分かります。

目の前で足組みをする金融機関の「お偉い様」

融資に関連して「友好的な金融機関の見分け方」についてですが、もちろん金融機関側も融資は「商売」であり、必ずしも融資が経営者の理想通りに進むとは限りません。どんなに親身になってくれる金融機関であっても、基本的には銀行側も「ビジネス」であり、銀行側にメリットが無い相手に対して親身になって協力していただけるような、そんなお人好しな金融機関は「ほぼ」皆無です。あえて「ほぼ」と表現したのは、まれにですが、金融機関によっては状況により協力してくれる場合もあるということです。

自社の規模が比較的小さい場合はいきなりメガバンクと契約するという訳にはいかないため、一般的には地元の小規模な銀行や信用金庫とのお付き合いとなります。ただ実際に融資を受ける場合には、どうしても地元の小規模の金融機関はメガバンクよりも金利等の条件面では不利になりやすいため、そのあたりを勘案しながら相談することとなります。

私がまだ後継者の立場であったころ、あるメガバンクの役員と称する方が私の職場に挨拶に来られました。そのメガバンクとは元々融資のお付き合いがあり、本来ならこちらから挨拶に出向くべきところ、ちょうど近くを巡回しているということで（何かのついでであったかもしれませんが）来ていただきました。来られた役員の方は、外に運転手付きの車を待たせた状態で職場の応接室に入ってきました。最初はソフトな印象の挨拶から会話が始まったのですが、途中からは完全なる持論展開の独擅場に変わりました。話が進むとご機嫌になり、おもむろに私の目の前で腕と足を組み始めました。その後もしばらく足組みを続けながら、椅子の背にのけ反るような姿勢で独擅場が続きました。完全に我々の側が「拝聴する」状況に変わり、やがて話を終えたその役員は上機嫌で待機する車に向かいました。結局何をしに来たのかが分からない状況のまま、その場は終わりました。

そのとき改めて感じたのは、「御社のために」や「社長のために」という言葉を並べていても、本質は自分（自社）のためのことしか考えていません。知人から「金融機関というのは強か《したた》だ」とよく聞いていましたが、まさにその言葉を実感した瞬間でした。ただどの金融機関も同様ではなく、もちろん真摯に接していただける場合もあります。ある程度は割り切りながらも、金融機関との程よい関係の構築も経営者あるいは後継者には求められます。

先代経営者が生きている間は後継者は見られていない

世代交代により事業承継が円滑に行われた場合でも、先代経営者が元気に生きている間は、後継者は金融機関からは「半人前」と見られます。仮に融資の返済が滞るなどの不具合が生じると、最終的に金融機関は現経営者である後継者ではなく先代経営者のところに来ます。よほど優秀で結果を出せる後継者であれば別ですが、経営的な結果が出せなくなった途端、金融機関の矛先は瞬時に先代経営者に向けられます。私の父親もよく「銀行は最後は親のところに取りに来るものだ」と話していました。前項でも述べたように金融機関は「強か」な組織と心得ておくべきで、これは担当者の人情という枠では語れない、ビジネスの場においては「仕方がない」ことです。

第2幕の「事業承継に必要な10年の意味」で述べた「10年」という期間は、金融機関との円滑な付き合い方という視点でも重要となります。先代経営者は第一線を退いてからも、たとえ職場に出入りしなくなったとしても、退いてからも当面の間は目に見えない「陰の役割」が意外とあるものです。後継者は先代に甘え続けるのではなく、いつ「バックアップ」が効かなくなっても大丈夫なように自助努力を重ねていく必要があります。

◆第４幕　まとめ

１　円滑な事業承継のために

・本当の意味での事業承継は、先代経営者の「後ろ盾」が無くなってからが本番となる。

・事業承継の手段のひとつとして「Ｍ＆Ａ」があるが、自身の事業においてその手段が最適か否かは周囲とよく話し合い吟味する必要がある。

・税務調査は「事実」と「根拠」が明確であれば、何も恐れる必要はない。

・後継者自身が「誠実な経営」を心掛けることで「信用」を得ていく。

２　コンサルタントはどこまで信頼できるか？

・コンサルタントの意味を答えられないコンサルタントが存在する。実質的なサポートが得られるコンサルタントを、後継者自身の視点で探す。

・いくら信用できるコンサルタントであっても、最終的には経営者自身の責任と判断になる。「程よい距離感」を見極めながら付き合う。

・関与先の現場を見ていないコンサルタントからは的確な助言は得られない。

3　金融機関は家業をこのように見ている

・融資の際に重要なのは「利益」（収益性）よりも「売上」（成長性）である。
・事業の継続や発展は自助努力が前提であり、金融機関は真の意味では助けてくれない。
・先代経営者が健在なら後継者は「半人前」に見られる。後継者はこの状況を十分に理解して円滑な事業承継につなげる。

第5幕　後継者が経営者になるための心得

第5幕では事業承継に関するより具体的（実践的）な内容、すなわち後継者の心得としての「基本姿勢」や「精神面」、さらに「実務面」や「学習面」などについて、私自身の経験や私の周囲の後継者が心がけて実践していることに触れていきます。

本書を手に取られた読者、特に後継者の立場の方は恐らくこの幕が最も参考になると思います。いわゆる「机上論」の書物は他にもたくさん存在しますが、具体的なことは案外触れられていないものです。もちろんこの幕以外の部分でもできるだけ具体的な執筆を心掛けていますので、この幕を含めて参考にしていただければ幸いです。

１　後継者の心得《前段》：基本姿勢

他人からの「お叱り」を教訓にする

私が中学生の頃のエピソードですが、私は関東エリアにある全寮制の学校に入学していました。当時の学校では珍しく土日が休みという週休２日体制で、その代わりに週の合間にある祝日等はすべて平日同様の授業が行われていました。トヨタ自動車でいうところの「トヨタカレンダー」のような年間予定となっていた学校でした。全寮制のため生徒は月曜日の朝に学校に入るとそのまま寮生活が始まり、金曜日の授業終了後に自宅へ帰るという流れでした。

学校の話はそれくらいとして本題に戻ると、私が中学生のときに、通学の電車内で見知らぬ男性（記憶では30代くらいの方）にいきなり頭を叩かれて叱られたことがありました。

なぜ叱られたかというと、電車内の横長の座席で自分の鞄を、私が座った座席のすぐ横に置き続けていたことを叱られたという状況でした。私が電車に乗った時点では空席も目立ち、自分の鞄を座席の上（私のすぐ横）に置いて読書をしていました。数駅が過ぎて乗客も増えてきて、私は読書に没頭していて気が付かず、一人座れる座面スペースを私の鞄が占拠していたため、それを見兼ねた目の前の男性に叱っていただいたという状況でした。

私が印象的だったのは、単に頭を叩かれただけではなく、他の乗客にも聞こえるような声で「お前の鞄のせいで一人が座れない」と、はっきりと叱っていただいたことです。もちろん私はワザとそうしていたのではないのですが、傍からみればとても迷惑な状況です。最近はそのような状況でも直接叱ってくれる大人はほとんど存在しませんが、当時を振り返るととても有難いお叱りであったと思います。

私はそのときの状況を今でも鮮明に記憶していて、逆の立場で同様の場面があればなるべく注意するようにしています（時代の流れで叩くまではしませんが）。最近は知人であっても面と向かって叱ってくれる機会が少ないため若干寂しい感じもしますが、そのような経験が後の自分の人生や経営の姿勢に活かされています。

朝イチで行動する

経営者に限らずリーダー役を担う人にとって重要な「習慣」があります。

リーダーは「朝イチ」の行動が大切です。極端に早朝に出勤する必要はありませんが、せめて他のスタッフが出勤する1時間前には職場に入り、朝一番の職場の様子を自分の目で確認し、現場のいろいろな雰囲気を感じ取るのです。早朝の、まだ他の誰も見ていない「朝イチ」の現場での微妙な変化を読み取ります。要は「些細な変化から現場の状況を読める」ようになるには、私の経験では最低５年は必要です。

私は始業時間の２時間近く前に職場に入ります。誰もいない現場を一番先に見ることで、現場での初期対応をいち早く進めることができます。清掃が行き届いていなければ早朝からゴミが落ちていますし、待合スペースの椅子が乱れていたりします。冬場であれば暖房や給湯設備の不調も早期に発見し対応できます。

建物の中だけではなく「周辺」の様子も把握する必要があります。私の職場は新築してから20年ほど経過しましたが、新築当時より欠かさず週に一度、早朝に職場周辺のゴミ拾いに回っていましたが、ここ３年はほぼ毎朝職場周辺を回っています。暑さや寒さを肌で感じながら、近所の方や登校する学生と挨拶を交わし、一人で黙々とゴミ拾いをしています。後述しますがこの時間も私にとっては「無心になる」大切な時間になっています。過去には私のゴミ拾いに同調して一緒に回ってくれたスタッフもいましたが、結局誰も長続きはしません。

この早朝ゴミ拾いから学んだ大切なことは「継続することの大切さ、困難さ」という、いわば当たり前のことです。週に一度であれば、よほどの理由がない限りは継続できるはずです。ところが多くの場合(多くの人は)、自分の中でのもっともらしい「言い訳」を考え、行動し始めても中断または終了してしまいます。どんなことでも継続すればよい訳ではありませんが、継続することでしか見えないものがあります。著名な方々の自己啓発本にも早朝出勤や清掃の重要性が至る所に書かれています。ところが私の知る限りでは、早起きや掃除を真に重視しているリーダーは意外に少ないように感じます。物事の「基本」や「基礎」を疎かにしているリーダーの方が多いのかもしれません。

この話題に「組織は根から崩れる」という名言が当てはまるかどうか分かりませんが、私が長年気を付けている「挨拶、清潔清掃、整理整頓」はいろいろな場面で結果に結びついていると感じています。

生活レベルを変えない　― 常に「最低」「最悪」を意識する ―

経営者、後継者に限らず、経営を担う立場になったら注意すべき点はいろいろあります。

私が注意していることの一つに「生活レベルを変えない」があります。これは諸々の書籍等にもよく書かれており、多くの著名な経営者も同様に考えているようです。

実入りが増えると急に浪費する方がみえます。私の周囲でも散見されますが、起業して間もない時期、資金繰りもままならない状況でも高級車に乗る経営者（しかも経費で）がいます。そのような経営者は自動車以外にも、装飾品や食事も高級路線を走り浪費する傾向にあるようです。

私は収入の多少に関わらず、普段から無駄に浪費しないように注意しています。恥ずかしながら自分の独身時代を振り返れば、当時趣味であった腕時計のコレクションなど、今よりも浪費（当時は浪費とは考えていませんでしたが）していたように感じます。

一種の「癖」かもしれませんが、私は外食に出かけるとその店のメニューを眺めながら、「家族を外食に連れていくために最低どれくらいの金額で食べられるだろうか？」を考えます。たとえば私が大好きな『吉野家』に入ったら、メニューを見て「牛皿（牛肉部分の単品）並盛１皿に、ご飯単品を大盛りで２杯、それに味噌汁２杯を追加して家族で分けて食べれば何とか腹持ちするかな。それでも合計１０００円くらいになるから、事業が傾いたら外食は難しいかな……」といった感じで「万が一」を想像します。この「妄想」は私が経営者になる前からのいわば「癖」になっていて、今でも反射的に考えることがあります。食べ物に限らず、普段から「古着でも十分」、

「10万円ポッキリの自動車でも乗れるなら十分」という想いで過ごしています。ちなみに宗次徳二さん（CoCo壱番屋創業者）は、ご講演の中で、ネクタイは「カレー色」と称する黄色を愛用し、20本ほど同じものをまとめ買いし、「1本1000円台」と話していました。愛用の腕時計も1万円に満たない金額と聞いています。私も基本的にはブランド品志向もなく、その点だけ見れば宗次さんのお考えに近づけるのかもしれません。

2　後継者の心得《その1》：精神面

バカにされるくらいがちょうどよい

後継者（特に二代目後継者）であれば少なからず経験していると思いますが、必ず先代経営者、特に創業者と比較されます。先に述べたとおり、比較的順調に推移している事業ほど、それまでの流れを大きく変えられない、むしろ変えるべきではない「守勢」の部分が多く存在するためです。

私の家業である医療法人グループでは、私が家業に入った当時は草創期を過ぎてからの、組織的な管理を行うためのシステム構築に苦労しました。このシステム構築とは、主に財務管理と人材管理（主に事務部門）に関してのものです。若干の手前味噌ですが、当時を振り返るとこのシステム構築を含め、私が家業に入ってからそれまで先代が荒らした畑（組織体制）を整地し、結果的に組織の安定化に貢献できたように感じます。ところがその後も「お父さん（先代）が凄かったんですね」という評価は変わらず、私が称賛されることはありません。そのような世間的な評価を謙虚に捉えれば、それだけ「事業の立ち上げ（起業）は難しいのだ……」と実感しています。

称賛されることはほとんど経験しないですが、逆にバカにされたり見下されたりしたことは何度も経験しました。

実例を紹介すると、かつて私の父親（先代）と同僚であった、私の母校大学のある教授からは「お前のオヤジは老人病院が主体みたいだが、何のためにやっているのか分からない」とよく言われました。当時は大学病院のような先端医療が中心であり、今ほど高齢者医療は重視されていない時代背景でした。そして家業に戻った私に対しても「お前もオヤジと一緒に何をやっているのか？」と言われたこともありました。

しかし時代も変化して、特に地域医療において高齢者医療や介護が求められる現在となりました。その教授は大学を定年退職して地域病院に赴任後、久々にお会いした際の言葉はそれまでとは一転して「お前のオヤジは先見の明があった」に変わりました。

また別の話として、私の家業に勤務していた元職員の医師へ、ちょうど学会シーズンの際に「学会出張へ行かれますか？」とお声掛けしたところ、「この病院で学会の知識が活かせることは何も無いよ」と微笑みながら肩を叩かれました。

以上の二つは私がいろいろ「バカにされた」中でも印象的な実例です。その瞬間はとても腹立たしく感じましたが、「これも何かの教示かもしれない」と切り替えて考えるようにしました。

その後も同様の経験を重ねるたびに「見下されることは忠告や助言なんだ」と考えるようになり、腹立たしさや悔しさよりもむしろ「確かにそうかもしれない」と寛容できるまでになりました。

このように「見下されること」は低次元な話かもしれませんが、大なり小なり後継者の立場（経営者であっても）で、このようなことは日常経験していると思います。悔しい想いをしたときには一呼吸おいて、達磨大師の人生訓「気心腹人己」など自身を律する言葉を回想し、悔しい思いをバネに日々努力すれば、知らぬ間に望ましい結果が訪れるものです。

「無心」になれる時間の作り方

「無心」になれる時間を自分でつくるのは経営者にとって重要です。経営者（特に創業者）は一年中仕事のことばかり考えています。もちろんそれはとても大切なのですが、視野を広げる、日常を見直す、あるいは新たな発想のために、といった意味では、むしろ「何も考えない」という無心になれる時間を設けることが大切です。

過去の私の経験では、事業の一部が経常損失となったことがあります。幸い一時的ではあったのですが、そのとき自分だけでは何もできないという無念さを感じました。ちょうどその時期に雑誌で「経営者はよくトイレ掃除に励む」という記事が目に留まりました。

私は普段からトイレ掃除を行っていたのですが、「無心に掃除する」という意味を特に考えず、何となく掃除をしていました。その記事を読んだ後に、とりあえず何も考えずトイレ掃除に没頭してみました。そうしたところ、「無心」を意識するほど、その無心になれるひとときというのは、客観的に自分を（考え方を）見直す時間であると気が付きました。「無心な時間」というのは「自分の見直しに集中する時間」であり、気づかぬうちにトイレ掃除が終わっているという不思議な感覚になりました。

その後トイレ掃除の当番は徐々に娘たちにバトンタッチして、次なる私の「無心」になれる時間は「靴磨き」に変わりました。家中の靴がピカピカになり磨く靴が無くなるころ、これもタイミングなのか娘が学校からメダカを預かり持ち帰ってきました。だいたい想像がつくと思いますが、それ以降私の無心な時間づくりはメダカや金魚の水槽洗いの時間に変わりました。

「無心になれる時間」は自分が何かに没頭できるものであれば何でも構わないと思います。たとえば喫茶店で雑誌を読んだり、遠方を見ながら物思いにふけったりなど、いろいろな場面で作りだすことができます。ただ注意が必要なのは、それに熱中しすぎてしまうと趣旨が変わりますので、たとえばゲームや遊びに集中するようなことは、自分を見つめ直すきっかけとは別の目的で行っていただくほうがよいです。

上手に「息抜き」する

前項の「無心な時間づくり」に似ている内容ですが、仕事でも家庭でも一生懸命になり過ぎると空回りすることが多いのではないでしょうか。

「息抜き」とは「サボる」わけではなく、考え方や視点を変えるために敢えて環境を変えるという意味です。もちろん仕事などに行き詰まって休憩するという意味でも重要ですが、経営者や後継者の立場になると事業にまつわる問題の9割は「人」です。そのため労働的なストレスよりも精神面での影響が多く、心身ともに常にベストな状態を保つためには精神的ストレスをいかに解消していくかがポイントとなります。

「息抜き」のためには必ずしも長期の海外旅行に行く必要はなく、近くの喫茶店でコーヒーを飲みながら物思いにふける、といったひとときでも十分です。敢えて仕事や家庭の環境から離れてみるときは、できれば「平日の昼間」に出かけてみるとよいです。平日の午後に喫茶店に入ると、暇（暇そうに見える人）な人がたくさんいることに驚き、職場では感じにくい新鮮さを感じたりします。また昼間のスポーツジムを覗くと、驚くほど多くのオバちゃんたちが豊満な三段腹を引っ込めようと、お金を払ってせっせと運動に励んでいる光景が飛び込んできます。そんな光景を目の当たりにすると、普段懸命に仕事をしている自分とのギャップから「自分の人生を考え直さないといけないのか？」という錯覚に陥ります。要は大きく考え方や視点を変えなければ、仕事の悩みや新たな発想が、特に経験や年齢を重ねてくるほど難しくなります。

私の知人にはリッチな考えの方も多くいます。その方々の「息抜き」は海外でダイビングだったりゴルフだったりします。休暇や娯楽以外にも、異業種交流を通じて息抜きを図っている方もみえます。ちなみに私の息抜きは「喫茶店の一人コーヒータイム」です。

息抜きの方法は人それぞれです。自分なりの「次へつながる息の抜き方」を探っておきましょう。

「お墓参り」の重要性 ― 家族や先祖に感謝する ―

私の実家のお墓は自宅から車で2時間弱走った田舎にあります。私の幼少時は田舎に帰省すると祖父母に連れられて、よく一緒にお墓の掃除に出かけました。かつて一緒に掃除をしたお墓には、いまは祖父母も入っています。

お墓に行くとまず草むしりなど周辺の掃除をします。テレビで観た「墓石に水をかけるとご先祖に無礼になる」などと気にしながら、それでも汚れていれば墓石も磨きます。

私がお墓参りに出向く理由は、第一には幼少時に優しく接してくれた祖父母がそこにいるからです。祖父は私や父親と同じ医師で、戦前戦後の厳しい時代に仕事を通じて地域に貢献していました。その祖父の口癖のひとつに、困難に突き当たったときには「しょんない、しょんない」（しょうがない、しょうがない、の意味）とよく話していました。困難に直面した場合でも「逃げずに頑張らないといけない」や「逃げても解決しない」という意味で話していたのだろうと思います。今でも日常の大なり小なりの困難に突き当たった際にはよく思い出す言葉です。お墓参りに行くたびに「いつも「しょんない」で何とか頑張っている」と心でつぶやきながら、新しい花に入れ替えています。

私にとってお墓は、そのような日常の頑張っている報告と、家族を含め無病息災の感謝を伝える場です。よく神社などで合格祈願などのお願い事をすると思いますが、本来は願い事を唱えるのではなく、感謝の気持ちを伝えるためのお参りです。お墓参りも同様で、無事に健康で過ごしていることへの感謝を伝えるためにお墓を訪れるのです。

3　後継者の心得《その2》：実務面

「いきなりトップ」は部下が認めない

「いきなりトップ」とは、後継者が外から家業に戻り、いきなり重役などに就任して、その勢いで組織に関わることを意味します。

私は家業に入る前の数年間は「非常勤勤務」として週に一度家業を手伝っており、常務する前に一部の職員とは面識がありました。実際に多くの職員と交流を始めたのは常務するようになってからで、当然ながら最初はお互いの顔と名前を覚える程度から始まりました。ただ「家業」というだけで、職場内での立場上は創業経営者の二代目として「ナンバー2」の状態でした。

家業に戻った当初に強く感じたのは、当時の主要役職者、特に事務系の役職者の多くは経営者に「右へ倣《なら》え」の状態であり、私がたとえ「ナンバー2」の立場であっても、そうそう言うことを聞いてはくれず（表面的には聞き入れてくれていましたが）、業務改善もなかなか進められない状況でした。

当時を回想すると、主要役職者が私の意見を聞き入れなかった理由は大きく2つあり、まずは何といっても経営者への忠誠、「右へ倣え」の影響が強かったことと、本質的に私自身がまったく受け入れられていないということでした。このような状況から、当時は「立場だけでは部下は動かない」と強く感じていました。

そこで私は「立場」をなるべく表に出さないように、職員との交流の時間を増やす努力をしました。点在する各事業所を定期的に訪問し、全職員との直接の会話は困難であっても挨拶くらいはできるようにと行動しました。

そのように表に出始めるといろいろなことが起こるもので、ときには「相談がある」と話を持ち掛けられることもありました。「相談」と言っても、30分ほど永遠に語るその職員の想い（長々と続く愚痴）をただ聞き入れるだけのことでした。「私にどうして欲しいのですか？」と問うと、その職員は「私の想いを分かっていただければそれでよいです」と語り、結局は話を聞いただけで終わったということも何度かありました。また、ときには「差出人無し」の手紙が届き、他の職員を誹謗中傷するような内容が書かれていたこともありました。いずれにしましても「現場を回る」という行動により、良くも悪くもそれなりの反応があることを実感しました。

現在の私は後継者から経営者へと立場が変わりました。後継者のときは「とりあえず聞いてほしい」といった話が現場から多くありましたが、私が経営者になってからは思い付きの感情論や愚痴のような意見はほぼ無くなり、ある程度吟味した話（各職員なりに事前に考えた）が届くように変化しました。

「いきなりトップ」で組織に入り込んでも、緊急時の強制力の行使やカリスマ的な魅力でもない限りは、組織を大きく動かすことはできません。私のような凡人を筆頭に、いくら後継者の存在やそれなりの役職に就いていても、まずは「職員との共感」に努める必要があります。その「共感する」ことへの行動（歩み寄り）は経営者になるとなかなか実行出来ないため、後継者の時期が好機です。もちろん経営者になっても従業員とのコミュニケーションは必要ですが、後継者のうちは特にコミュニケーションに時間を費やすことが大切です。

「経営」を難しく考えない ― できることから少しずつ ―

私は同業の中では比較的早い段階で経営者としてスタートしたこともあり、同僚や先輩後輩などから経営について時々質問されます。

ほぼ決まって聞かれるのは「経営は難しいのでは?」という質問です。書店を覗くと「経営」について書かれた書籍が多く存在します。ただ実際に読んでみると経営の具体的な手法について触れられていることは意外に少なく、全面的に押し出されているのは「信念」や「こだわり」、あるいは「情熱」といった、一見すると経営とは直接関係ないように感じる内容が大部分を占めています(そのため「書籍の内容が分かりにくい」と感じられる場合もあります)。

私は経営に関して問われた際には「経営を難しいと考えたことはない」と答えています。その理由は恥ずかしながら、結局のところ未だに「経営」という言葉の意味が自分の中で明確になっていないためです。

別項「経営とは何か?」でも経営について触れていますが、本来「経営」の意味は「方針を定め、組織を整えて、目的を達成するよう持続的に事を行うこと」(『大辞林』第三版）と書かれています。私が経営について最も重視しているのは「継続」あるいは「継続性」です。持論の域ですが、長く安定的に事業を継続することこそが経営の意義であると考えています。私たちは医業を営んでおり、「継続」が経営の意義であれば、「社会貢献」が経営の目的となります。このように考えれば、私の立場において「経営」に対する答えは「継続と貢献」になります。

では「継続と貢献」をどのように進めるか。その答えは前項でも触れた「現場」にあります。その現場に散在する「問題」と「答え」を、いかにアンテナを張って察知するか、その洞察力こそが安定経営実現のための基礎となります。

このように経営を考えれば、経営とは「当たり前のことを愚直に進める」ということが分かると思います。難しく考える必要はありませんが、油断して気を抜くと組織は一気に崩れます。

〃無理のない範囲で自分に出来ることを愚直に実行する〃

これこそが私なりの経営に対する持論であり、私自身の心構えです。

事業を大きく変えてはいけない　ー 後継者の「過度な背伸び」は組織を壊す ー

後継者が事業を引く継ぐ場合は、当然ながらそれまでの家業の歴史の延長線上に立つことになります。どんな事業であっても後継者が引き継ぐまで継続している「それなりの背景」があり、その背景に貢献していただいた多くの方や周囲の関わりに感謝しなければなりません。まさに「ローマは一日にして成らず」の如くです。

継続中の事業の途中から後継者が関わると、どうしても「欠点」が目につくものです。草創期は資金繰りが宿命であり事業の内容まで気が回らない、いわば「質より実」の時期です。そして何とか資金繰りが落ち着き経営も軌道に乗り始めると、やっと一息つくことができます。そのような苦難の時期を知らない後継者がそこに飛び込んできて、あれダメこれダメと現場を変えようとすると、せっかく経営の安定まで辿り着いた先代からすれば「余計なことをしないでほしい」と感じるはずです。

私が家業に戻ってその実態を見たときに最初に感じたのは、まさに「荒れた畑」の状態でした。お世辞にも素晴らしい職場だとは思えず、逆に「世の中にこんな野戦病院のようなところがあるのか……」と感じたことを今でもよく覚えています。

家業に戻った私が最初に着手したのは、業務改善すなわち「質の改善」でした。本来なら私の立場上の役割は経営管理業務が主体のはずでしたが、まずは荒れた畑の現場を何とか整地しないといけないと感じました。私が家業に戻るころは、ちょうど世間では医療業界の「医療事故防止」や「医療安全」がクローズアップされていた時期でしたが、私の家業では何も対策がなされていませんでしたし、そのような仕組みや活動もまったく無い状態で、大急ぎで着手したことを思い出します。

この「荒れた畑」の状況を先代であれば「問題がないならそれでよい」とか「問題が起こってから手を打てばよい」と考えます。ところが後継者は「問題が発生してからでは（運営的に）致命的である」と捉えるため、問題が発生する前に対応したいと考えます。このような視点でも創業経営者と後継者は大きく見解が分かれ、場合によっては対策のための経費を巡っての言い争い状態になります。

私は自分の中で「間違いなく改善が必要」と確信して現場改善に着手しました。最初のうちは会議など職員との話し合いの場を設けても、そこに参加するのは毎度数名（役職者が「仕方なく」という雰囲気で）でした。

後に判明したことですが、私の改善提案が正しいと思い込んでいたのは自分だけで（内容の是非は別として）、周囲の職員は冷ややかな目で私の振る舞いを見ていたようでした。しかも改善どころか「余計なことをするな」と言わんばかりの苦言を呈する職員も出ました。後継者である私に面と向かって苦言を呈することはありませんでしたが、私にではなく間接的に事務長など現場管理者の部屋に立て込む姿も散見されました。そのような中でも私に同調して改善に取り組んでくれた職員もいましたので、私にとってはそれが何よりの救いでした。

家業の業務改善に着手したときに感じたことは、いくら後継者であっても新参者には変わりないため、自分の存在を職員に受け入れられるまでにはある程度の時間を要することと、大きな問題でもない限り既存の組織を短期間で大きく変えてはいけないことでした。

考えてみれば、私が家業に入った時点で在籍している職員は、大なり小なり先代の方針で動いています。いくら後継者の方針が正論であっても、職員からすれば「何で急に変えるんだ」や「(理解はできるが)急に変えてもよいのだろうか」と戸惑うでしょう。後継者が業務改革に着手する場合、時間はかかりますが従業員のペースを見ながら「徐々に」変えていくような心がけが必要です。

当時私の業務改善に同調してくれた職員はその後に何かしらの役職者となり、私が入職して20年近く経過した現在も活躍しています。一方で私の方針や行動に同調が困難であった職員は、当時の役職者を含めてほとんどが去っていきました。残念ながらその後新天地でご活躍されたという話もあまり入ってきません。

あくまでも結果論ですが、草創期から成長期、維持期へと変化する環境において、改革しなければならないのは職場環境だけでなく、経営者をはじめ関わる職員の「意識改革」を並行していかなければならないのです。

経費の扱い方　ー１枚のレシートに根拠を持つー

経費の考え方や扱い方は皆まちまちです。経費（必要経費）を考えるうえで最も大切なことは「損金性」の有無です。経費には損金計上ができるものとそうでないものがあり、経営者はこの「損金性」については常に意識しておく必要があります。特に個人事業の場合は私的利用との混同が多く、事業用と個人用の用途はできるだけ明確に線引きしておくことを日ごろから意識するべきです。

「損金」とは「事業で利益を得るための客観的かつ正当な費用」です。多くの経営者、とくに個人事業では「顧問の税理士が大丈夫と言ったから」という理由で、経費処理を自分の都合で進めることがあります。実際には税理士が容認していれば概ね問題ないはずですが、それ以前に自分自身で客観性をもって判断する必要があります。

経営者の中には「領収書さえあれば経費で大丈夫」と話す方もみえます。「損金性」とは領収書の有無が問題ではなく、あくまでも事業の実態に即しているか否かです。事業用費用として実態が証明できれば、仮に領収書が無くても損金計上は可能です（領収書の内容に準じたメモ等で代用可能）。

領収書について掘り下げると、最近ではコンビニを含め、レジで発行されるレシートには様々な内容、たとえば購入日時や内容の詳細が記載されており、客観性を示すには好適です。買い物の中身が公用と私用と混在した場合は、私用の部分に横線を引いて削除すれば済む話で、わざわざ額面だけの領収書を新たに発行（いわゆる「上様・品代」領収書）していただくよりも、より客観性が示されます。このような話をすると「それじゃうまくごまかせない」という意見もありますが、明記されているほうが客観的にも有利です。姑息な手段で少しでも個人負担分を経費に混ぜておく心情も理解できますが、そのような手段で「得した」と考えて後で信用を失うか、あるいは経費の扱い方で信用を得るかは、経営者の資質や考え方次第です。

ここで「誤った費用の考え方」について、いくつかの事例を紹介しておきます。よくある例として「社長の車」の損金性について考えてみます。明記された正解は存在しませんが、税務調査等を含めた私の経験から「正解であろう」という内容を挙げます。

自動車、特に社長等が使用する車両は法人（または個人事業）の代表的な費用計上例です。経営者になれば誰もが「いつかは経費でベンツに乗りたい」と思う瞬間があります。恥ずかしながら過去に私もそのように感じたことがありました。

自動車を「経費で乗る」ことについては私の経験上、税務調査上は容認している面が大きいと感じます。恐らくこの点を厳しく否認すると経済界からも苦言が出るのでしょうか、自動車の損金性は緩やかに解釈されているように感じます。もちろんこれには前提があり、あくまでも「事業における客観的な必要性」が求められます。

『なぜ、社長のベンツは４ドアなのか？』（２００６年、新版が２０１１年に発売）という書籍があり、中古の４ドアのベンツを社用車として効果的に経費処理するという趣旨の内容です。自動車の損金性についてはあくまでも使用側の解釈によりますが、その解釈を税務署が容認するか否かということになります。厄介なことに使用側の解釈にも、税務署側の否認要件にもマニュアルや一定の決まり事がある訳ではなく、「社会通念上」という曖昧な判断基準になります。

自動車の損金性を使用者（経営者側）の立場で考えた場合、主に次の注意点を考慮する必要があります。

①　客観的な必要性を説明できるか？
②　その必要性に「見合った」内容か？（車種の選定や掛かる費用等）
③　実際の使用にあたり公私の範囲を線引きできるか？
④　これら①～③の内容を第三者が容認できるか？

以下、各項目に関して若干の説明を加えておきます。

① 客観的な必要性を説明できるか？

この点を追求されて回答に苦しむ場合は要注意です。よくあるのは「それっぽい理由（理由か言い訳か？）を税理士が教えてくれる」というケースですが、税務署員は経営者の「考え方」を重視します。「税理士がよいと言っているから」は何の根拠にもならないため、経営者自身で客観的な必要性を説明することが求められます。

② 必要性に「見合った」内容か？（車種の選定や掛かる費用等）

自動車の損金性は「実態に即しての必要性」が問われます。新車か中古車か、あるいはカローラかポルシェかが問題ではなく、必要性が立証できればポルシェでも容認され、逆に立証できなければカローラでも否認されます。あくまでも実態に即して必要性を立証できるかが問われます。ちなみに否認された場合は「私的なもの」と見做され、その車の費用相当分は当事者の給料（課税所得）として計算されます。

私もこの点については顧問の税理士や会計事務所の方々に質問しましたが、私が伺った範囲ではその是非について明確な回答は得られませんでした。決して答えが分からないという理由ではなく、内容的に回答し難い（本当はベンツはダメなんだけど……など）状況だったのかもしれません。そこで税務調査の際に調査員に質問してみましたが、そこでも明確な回答が得られませんでした。法律や税務の解釈にはこのような曖昧というか不確定なことがたくさん存在します。裏を返せば、自分なりに根拠をもって理路整然と説明ができ、その説明を税務署員が正当に覆せなければ、結果として容認されるという流れになります。

この話題でよく耳にするのは「前回容認されたからといって、今後も容認されるとは限らない」と語る税理士がいます。確かに言われる通りなのですが、毎度正確に損金の妥当性を説明して、その正当性を示すのが税理士の役割であると私は感じています。

③　使用にあたり公私の範囲を線引きできるか？

経費で乗る自動車の「公私の線引き」については、実際には明確な線引きは難しいです。したがってこの部分も「社会通念上」の解釈が重要となりますが、何より大切なのは経営者自身の「考え方のモノサシ」です。この公私の線引きはいくつかの考え方があり、私の経験からは実際には「ほどよいところで費用按分」する程度で十分ですが、実際に費用按分はなされていないケース（要は全額損金計上）が大半ですし、税務署側も容認しているケースが大半です。

この点について考え方を掘り下げてみます。ある女性国会議員が公用車で保育園に送迎していたという話題がありました。「公用車を私的利用してズルい」や「女性の働き方改革で容認すべき」など様々な批判や同情がありました。私の感覚からすれば、公用車でわが子を送迎すること自体は、当然ながら公用車の損金性という点で否認されるべきです。一方で、公用車でわが子を送迎すること自体には法律上の違法性はないです（ただし国会議員の資質という点は疑問視されます）。この話の問題は子の送迎を公用車すなわち「税金」で行っていることであり、子の送迎費用相当分（仮にタクシーを利用したらいくら負担すべきか）を自己負担して国に返納すれば、少なくとも費用面については解決します。実際にはそんな律儀に費用按分している国会議員は少ないと思いますが、理屈上は右記の内容で問題ないと考えられます。

ここで補足しておきます。法人や個人事業の場合、このような費用按分した金額については、事業所側からみれば「売上計上」すなわち課税売上の対象となる場合があります。「よかれと思って按分したら税金取られた！」という感覚になりますので、あまり積極的には費用按分を勧めない税理士も多いと思います。

④ 第三者が納得できるか？

損金計上する場合、実はこの「第三者が納得できるか」という視点がシンプルかつ重要となります。身内や顧問の税理士は、基本的には経営者側の意向に近い存在で、双方委託契約している「半ば身内」のような関係です。そのため客観性という視点では甘くなりがちです。いくら税理士が「この損金計上は大丈夫」と太鼓判を押しても「税理士が大丈夫と言ったから」と安易に判断する前に、経営者自身で「その判断は他人が聞いても納得するであろうか？」という視点が必要です。あくまでも客観的判断の一つとしての「第三者目線」は経営者自身がしっかり備えておくべきです。

私がこの第三者目線で重視しているのは、事業所内の経理スタッフです。経理スタッフもいわば「身内」のような存在のため、立場的に客観性が期待できない場合もあります。経理スタッフが疑問を感じてもなかなか経営者には面と向かって指摘できないので、私の場合は必ず自分から「疑問に感じたら指摘して欲しい」旨を先に伝えます（それでもすんなりと言える心情ではないでしょうが）。まったくの「赤の他人」のほうが客観性という視点ではよいかもしれませんが、逆にあまりにも事情を知らない立場では適正な判断もできません。自社の経理スタッフのようにある程度は事情を知っていれば、たとえば社長が経費でベンツに乗っていたとしても、その必要性を業務の実態から感じ取っていれば、適正に理解してもらえると思います。

「秘書」や「社長室」は必要か？

テレビや雑誌等で拝見する社長は「広い社長室、運転手付きの社長専用車、隣にはお付きの秘書」といったイメージがあります。私自身はそのような環境で仕事をしている訳ではないため、「秘書は本当に必要なのか？」という疑問を抱くことがあります。

冷静に考えれば分かるはずですが、いずれも経営者において必須条件ではありません。社長室も専用車も、あるいは秘書も「必要であれば」であり、もちろんそれなりの費用もかかるため「有用であれば、相乗効果があれば」という前提を伴います。要は、経営者自身がそのような環境を必要としているのか、または使いこなせるかが問題であり、活かすことができなければ「単なる無駄遣い」に過ぎません。

私は運転手付きの専用車も無ければ秘書もいません。職場では10畳ほどの小部屋で執務をしており、スタッフとの打ち合わせ用の応接セットが部屋の半分を占め、残りの半分が私にとっての仕事場スペースです。部屋のドアは私の在室中はいつでも開けています。もちろんスタッフの出入りも自由です（かといってドカドカと入ってくるスタッフはいませんが）。部屋のドアを閉めるのは電話中か面談中（声が廊下に響いて迷惑なとき）くらいです。そんな環境なので、書類やパソコン操作に集中しているとき突然スタッフに声をかけられると、一瞬ビックリすることもあります。

執務室の話を掘り下げると、私が家業に戻ってきた当時は、その小部屋のドアは常時閉めていて、ドアの内側にはさらに目隠しを兼ねたパーテーションを立て、ドアを開けても廊下側から直接私の姿が見えないようにして、「この部屋には誰も立ち入れない」というような閉ざされた環境でした。なぜそのようにしていたかというと、大学の「教授室」や会社の「社長室」にはそのような重々しい雰囲気の部屋が多く、私の中で勝手にそのような部屋をイメージしていたからです。しかしそのような重々しい雰囲気の部屋は私の性に合わないと感じ、その閉鎖部屋は1年ほどで「開放部屋」に変えてしまいました。

以前私は「CoCo壱番屋」創業者の宗次氏を訪ねて「宗次ホール」（宗次氏が私財で建てた音楽ホールを備える建物）へ出向いたことがあります。その際に宗次さんはお留守で面会はできませんでしたが、宗次さんの執務スペースは事務所奥の一角、まさに本棚の隙間の一角でした。ヤマト運輸創業者の小倉昌男氏も執務室は小さな部屋であったそうです（森健著『小倉昌男　祈りと経営』）。私の印象では（もちろん私は例外として）「経営者の器」と「執務スペースの広さ」は反比例する場合が多いように感じます。

「秘書」については、業務上必要であれば備えるべきです。私も時折「秘書がいてくれれば仕事が早く終わる」と感じたこともあります。私が秘書を備えた経験がないため正確には言えませんが、普段から秘書に頼っていると秘書の必要性よりも秘書がいなくなったときの困惑のほうが大きいように感じますので、可能な範囲は自身で対応するように心がけています。

ちなみに私の執務室には、秘書代わり（と勝手に考えています）のシュレッダー機があります。機器の上部に紙の束を挿入すると自動で粉砕する高性能タイプ（オートシュレッダー）です。私の元には５００枚を超える経営諸表が毎月届きます。これだけでも毎回手差しで粉砕すると30分程度を費やします。オートシュレッダーを備えてからは格段に時間短縮し、陰ながら私の優秀な秘書として活躍しています。

「運転手付きの社長専用車」に関しては一見すると贅沢な印象を受けますが、会社の危機管理面からは必要と考えることもできます。車での移動時間を含む業務の時間効率を考えれば、社長が自身で運転するよりも運転手付きのほうが効果的です。また万一の自動車事故を回避するためにも、社長自らの運転は控えたほうが堅実です。場合によってはＶＩＰ対応を要する大会社の社長もいますが、そのようなことを必要とする社長はかなり限定されているでしょう。ちなみに私は、通勤等の日常は自分で運転し、時間的内容的に確実性が求められる状況（他社での面談など）では公共交通機関やタクシーを利用しています。「運転手付きの専用車があると便利だな」と感じることもありますが、私の現状は自家用車や電車で十分です。

車に関して補足すれば、自分専用で乗る車は法人購入ではなく「自腹」で購入すべきです。従業員も共有して公用車として使用する場合は法人名義でも問題ないですが、自身が専用で乗る車については「社長なら経費でベンツに乗るのは当然」という感覚は再考すべきです。

私の知る方で輸入車ディーラーの支店長（現在は事業承継して社長に就任）がいて、親会社の社長が自身の父親であるという背景の、当時後継者にあたる方がいます。その支店長は社内規定で会社から車を与えられる立場の方でありながら、「従業員と同じ目線で」という意向により「自腹」で購入した自社の車に乗っています。私もその支店長と同様の考えで、要は各々の立場における「姿勢」の問題です。このような姿勢は後継者のうちから備えておく必要があります。

「年上の部下」との接し方

私が家業に入った当時は先代経営者の全盛期であり、当然ながら主要役職者である先代の「取り巻き」は私よりも全員年上でした。家業に入って20年近くが経過し、今となっては主要メンバーの半数以上が年下へと変わりましたが、主要メンバーであっても固定している訳ではなく、適材適所で随時入れ替わっています。ここでは、私が後継者の立場を10年超経験して分かった「年上の部下との接し方」について触れておきます。

私は学生時代に体育会系で育ち、先輩後輩の間柄に厳しい環境で過ごしました。職場で接する主要役職者は当初全員年上で、体育会系でなくても敬意を表して接することを心掛けていました。

「年上の部下」との接し方で特に意識しなければならない点は、役職ではなく社会人としての「基本的な上下関係」です。上司や部下というのはあくまでも組織の中での「職務上」の関係であり立場を区別しているにすぎない、ということを理解する必要があります。

また「年上の部下」は、後継者の方が上の職位であっても、基本的には後継者をすんなりと受け入れるのは困難です。長年先代の傍で貢献した役職者が、ある日から突然後継者の言うことを素直に受け入れることは困難です。表面的には受け入れているように接していても、内心は「この若造」と考えています。これはごく自然な流れであり、後継者の側がそのような状況を柔軟に受け入れる「器」を養っていくことが大切です。

本題から少々外れますが、私の経験上、「年上の部下」には大きく３つのタイプがあります。ひとつは先代しか意識していない「旧態依然タイプ」で、表面上は忠誠の「振り」をしていても内心は後継者を見下し、先代のイエスマンを貫くタイプです。次には先代と後継者を使い分ける「好いとこ取り」タイプで、上司である先代や後継者には無難に振る舞い、組織内においては部下に対して言っていることがコロコロ変わるタイプです。さらには、先代、後継者といった周囲にはあまりこだわらず、仕事そのものを重視する「現場重視タイプ」で、計画や目標の必達を強く意識しながら自身の責務を全うするタイプです。

どのタイプが良い悪いではなく、年上の部下がどのタイプに近いのか、またどのタイプの部下とどのように接していくべきか、といった幅広い視点を養うことが求められます。どのタイプの「年上の部下」であっても、余程の悪意がなければ後継者を大切に扱ってくれるはずです。後継者の姿勢として、年齢や立場にこだわらず関わる職員には常に感謝の気持ちを伝えることが大切です。

4　後継者の心得《その3》：学習面

迷ったら「一通り」学ぶ　―　資格取得は必要最低限でよい　―

後継者が自身の事業承継を意識し始めると「何か学ばなければ」という気持ちが湧いてきます（逆に湧いてこなければ問題です）。

「何かを学ぶ」と考える場合には、まず「何を学ぶべきか」の優先順位を考える必要があります。「手当たり次第勉強する」も時にはよいのですが、実際に学ぶためには職場の中で学ぶ、あるいは職場外で学ぶといった学ぶ環境も考えなければならないです。ここでは働きながら「自学自習」をどのようにすべきかをお伝えします。具体例を交えたほうがイメージしやすいと思いますので、私がこれまでに学んだ軌跡を振り返りながらご紹介します。

私は医学部出身で、経営関連の知識はほぼゼロの状態で家業を継ぎました。家業に入って早々、当時お世話になっていた顧問税理士による「経営塾」がスタートしました。顧問税理士が事業所訪問する月一度のタイミングで、私に対して個人的に「経営塾」の時間を割いていただきました。その経営塾の冒頭に言われたのが「結婚」でした。詳細は別項で語りましたが、「部下（職員）の気持ちを分からずして経営を成し遂げることは困難である」という教えからでした。

「経営塾」は私が想像していた以上に幅広い内容で、いわば人生全体を見渡すようなアドバイスを数多く受けました。「結婚」についてはその典型例で、「早く結婚しなさい」と、まず指摘されました。

経営関連で学ぶ内容は、税務、財務、会計、労務などが基盤となり、まず「簿記を学びなさい」と指示が出ました。具体的には「日商簿記３級を取りなさい」という指示で、簿記の言葉の意味も分からない私にとっては最初の難関でした。簿記の知識がないと経営諸表の基本である貸借対照表や損益計算書が読めません。ここで言う「読めない」という意味は「諸表から経営の実態を読み取ることができない」という意味です。

苦難の末、簿記３級を取得してからは「会計の基礎知識」である「売上、売上原価、粗利（売上総利益）……」の関係を学びました。会計の基礎知識を基に、そこに関連する税務や財務を学びました。

これは後で気づいたことですが、会計の基礎知識を学ぶ意義は、業種や業態により収益体質が異なり、まず大きな視点で事業を捉える必要があるためです。企業の収益体質は大きく「変動費型」と「固定費型」に分類され、たとえば医療業界であれば「固定費型」に含まれますので、その前提において経営（特に財務的な視点）を学んでいく必要があります。

このような流れで顧問税理士からは会計関連の基本事項を教示していただきました。その後私の環境で学ばなければならない項目は「労務」と「法律」であり、まず「労務」は社労士（社会保険労務士）が主催するセミナー等に参加して基本事項を学びました。残る「法律」については本業の医業とは正反対（そもそも理系と文系の違いからして）の内容であり、独学ではさらに困難と考えた末に「それなら大学で系統的に学ぼう」と考えました。ところが社会人の環境で大学への通学は難しく、そこで「通信教育」という手段を知り、大学法学部の通信教育課程に進学しました。大学で法律学を一通り、系統的に学ぶことができました。以上のような流れで経営関連の基本事項を学び現在に至ります。

「資格の取得」に関しては、私の個人的な見解では「必要な分だけでよい」と考えています。前述のように私は法学部卒の学歴を有しておりますが、だからといって司法試験を受けて弁護士になる必要はないでしょう。世の中には優秀な弁護士はたくさんみえますし、実務的には本業の弁護士に委託すればよいです。資格という意味では私は簿記3級を取得しましたが、これはあくまでも自学の延長（通過点）であり、簿記そのものは私よりも経理スタッフの方が断然上手で、そこは「餅は餅屋」でお任せすればよいです。ただ、何でも「任せきり」はよくないため、ある程度は自身の目で真実の是非を見分ける力が必要となります。その「眼力」（判断力）が身についていれば、本業以外の資格取得には過度にこだわる必要はないのです。

通信教育課程で学ぶことの意義

前項に関連する内容として、今後「社会人での学び」を検討される方々の参考として、私が実践した大学通信教育課程について触れておきます。

まず「どこで学ぶか」については、学校やセミナー、または教材購入による独学などがあります。学校にもいろいろありますが、主には大学では一通りを系統的に学ぶ、大学院では部分的なことを深く掘り下げて学ぶ、というイメージです。私は法律学を一通り、基本から学びたいという目的があり、大学院ではなく大学（学士課程）を選択しました。

学び舎となる大学の選定に関しては「どうせ社会人として学ぶなら困難な学校を選ぼう」と若干背伸びし、大学の通信教育課程では最難関（と世間的な評判）と言われている慶應義塾大学通信教育課程に入学しました。ちなみに「慶應通信」が最難関と囁かれている理由のひとつに「卒業率」があり、在学生数に対する卒業生数の割合から「卒業率5％を切る」と言われています（2018年～2019年の集計で、在学生8550人に対する卒業生235人の割合は2.7％）。私は幸い順調に卒業に至りましたが、同じ通信生の中には慶應の通学課程を卒業した方や、東大卒や他大学法学部卒の方などもみえて、その皆さんもレポート作成や科目試験（筆記試験）、卒業論文（学士論文）の作成に意外と苦戦していました。

話を「通信教育課程で学ぶ意義」に戻しますと、経験者であれば分かると思いますが、通信教育課程での学びはまさに自分との闘い、すなわち「時間調整能力」が必須です。自分の都合で勉強を進めることもできれば、止めることもできるという自由な環境下でいかに自分をコントロールして進めていくかという、まさに「自分コントロールの長旅」です。ちなみに慶應通信は入学2年以内に新規入学者の約半数が退学（理由は時間的都合と科目履修が進まない）するため、その現実が継続の困難さを物語っています。

私が通信教育課程の経験を通じて感じたのは、法律の基本的な考え方を学んだことに加えて、家族や職場など勉学の環境を整える「調整力」の重要性と、社会人として共に学ぶ「同志との出会い」であり、特にこれらの経験が社会人として通信教育課程で学ぶ意義であったと考えています。私も家業に戻れば経営者としての立場があり、職場でのスタッフとの接点はどうしても「同志」という訳にはいかないことがあります。一方、大学で得た学友は環境や立場などの垣根のない「素の仲間」であり、互いに遠慮なく何でも言い合える存在です。

これは笑い話のひとつですが、私が通信課程に入学して地元の学友が集う会合に参加したとき、隣の席の学友（私より年上の専業主婦）から「仕事は何をしているの？」と聞かれ、「病院で働いています」と答えました。続けて「病院の事務員さんもいろいろ大変でしょう！」と言われ（私の第一印象は事務系であったようです）、医師であることを伝えると「早く言ってよ、全然見えなかった（笑）」と言われました。そんな「タメグチ」で会話できるようなラフな間柄が、私にはとても新鮮に感じられました。

経営者や後継者に限らず、ある程度の年齢になると社会的にもそれなりの地位に就かれます。職場での上下関係のような接し方も大切ですが、ときには年齢や地位にこだわらない仲間との接点も重要です。私は通信課程を卒業後の現在も、当時知り合った仲間との交流を大切にしています。

「自己啓発本」が役に立たない理由 ―「良いとこ取り」の誤った読み方―

〝ガンコ親父世代〟の経営者であれば「本好き」の方が多いと思います。今と違ってメールやインターネット、スマホといった「現代の神器」がなく、電話かＦＡＸを駆使し、様々な情報を新聞やニュースから得る習慣の経営者は私の周囲にも多くみられます。

「こうすれば経営は上手くいく」や「経営者はこうあるべき」といったような自己啓発の類の本は数多く存在しますし、著名な方の本となればとても説得力のある立派な内容が多く盛り込まれています。中小企業レベルでは到底経験することのない壮大な内容が惜しみなく語られており、本来であれば読み手にとって大いに役立つはずです。謙虚に学ぶ姿勢で読書に勤しんだころには「この本はとても刺激になった」と感じていたはずが、ある時期（または年齢）を過ぎると読書から得られる感動も薄れてくる、このような経験をされた方は少なからずみえると思います。

有意義であるはずの自己啓発本がいつしか「役に立たない」と感じるようになる場合は、往々にして「読み手側」に問題があります。

経営者や後継者にとって重要な事項のひとつに「周囲の意見を聞き入れる」があります。周囲の見解を受け入れる謙虚な気持ちが多い時期は読書から得られる知識も多いはずです。ところが年齢や経験を重ねて考え方の柔軟性が少なくなってくると、周囲の意見は反射的に聞き入れにくくなります。読書も同様で、要は自分にとって「都合のよい」読み方に変わってしまいます。重要か有意義かという視点での読み方から「賛同できる部分にはマーカーを引き、そうでない部分は読み飛ばす」といった読み方に変わってしまいます。このような都合のよい読み方からは真に有意義な学びは得られ難くなります。これについては次項でも触れます。

本の読み方、活かし方

前項と関連して「本の読み方」で注意しなければならないポイントがあります。それは「まずは素直に読んでみる」ことです。創業者によくみられる「裸の王様」タイプや後継者にみられる「内弁慶」タイプの方はこの点を特に注意すべきです。

「裸の王様」や「内弁慶」タイプの方に多い読み方は「良いとこ取り」の読み方、すなわち自分の感覚や都合で読み方を変えてしまうことです。「自分にとって都合のよい部分は共感し、そうでない部分は読み流す」といった読み方をする方は往々にして他人の意見は聞き入れないタイプの方が多いです。もちろん目的があって要点以外は読み流すこともあると思いますが、自分にとって気に入らない部分も「一理ある」の感覚で軽く読むくらいの「心の余裕」は、特に後継者の時期には必要です。そのあたりは自分の性格とも照らし合わせていただければと思います。

学生時代の私は読書が大の苦手で、ページをめくると前のページの内容を忘れてしまう程度の読み方でした。本格的に読書に打ち込むようになったのは家業に戻ったころからで、いわば「必要に迫られて」という状況でした。私のメンターから「毎朝、日経新聞を読みなさい」と教示いただいたことも、書物に目を通す習慣のきっかけになりました。当初は日経新聞を読み慣れるのに半年ほどかかりましたが、同時に継続することの大切さを実感できました。普段読書の習慣がない方がいきなり読もうとしてもなかなか頭に入らないため、読む習慣が身につくまでは短時間でも毎日読み続けるように努力していただくことをお奨めします。

「読み方」に関連しますが、本を読むときは印象に残る部分や大切だと感じた部分には、下線を引くなり空きスペースにメモしておくと効果的です。自分が大切だと思った部分は、たとえ1冊の本の中でも後で探すと見つかりにくいものです。また「中古で売る予定だから」という理由で書き込みを避ける方もみえますが、読書は消費ではなく「投資」になるような読み方が大切です。

ここで、本を「活かす」ためのちょっとした〝心得〟を列記します。

その１…本は「手に取って」選ぶ（ネット購入との差）。

その２…タイトルに「やる気（読む気）」を感じるものを選ぶ。

その３…発刊年と著者略歴（年齢や背景）を確認する。

その４…「目次」、「はじめに（前書き）」、「おわりに（後書き）」を最初に読む。

その５…「共感部分」、「反論部分」、「気づきの部分」を分けて読む。

世の中には多種多様な本があります。たくさんの本と出会い、座右に常備できるような素敵な本を見つけましょう。

◆第5幕　まとめ

1　後継者の心得《前段》：基本姿勢

・他人からの説教は「愛のムチ」と受け止める。ときには耳の痛い話もあるが、謙虚に受け止める器量も必要である。

・リーダーの行動は「早朝」から始まる。朝一番で現場を見るといろいろなことが見えてくる。逆に見えてこないようであれば自身の未熟さを反省すべきである。

・たとえ業績が好調でも自分の生活レベルを変えないように注意する。好業績が続く保証はどこにもないばかりか、業績が悪化しても誰も助けてくれない。経営者は常に最悪の状況に備える必要がある。

2　後継者の心得《その1》：精神面

・周囲から見下されても、腹を立てる必要もなければ、見返す必要もない。成功してからゆっくり笑えばよい。

・心身ともに安定するためには無心の時間を大切にする。無心の時間は普段気が付かないことを気付かせてくれる貴重な時間となる。
・根詰めて仕事を続けていても効率が悪くなる。自分なりの上手な息抜きを見つけておく。
・お墓参りは定期的に出向き、先祖に感謝する。決して願い事をしないように、日ごろ元気で過ごしていることへの感謝の意を伝える。

3　後継者の心得《その2》：実務面

・肩書きだけでは部下はついてこない。役職に人間性と将来性を加味すれば、周囲は応援してくれるようになる。
・経営を難しく考えない。経営とは「想い」であり、事業の目的は「社会貢献」である。
・後継者が事業に加わっても、短期間で事業を大きく変えてはいけない。事業には継続してきた歴史と伝統があり、変えるべきものと変えてはいけないものがある。後継者はそれを早い段階で見極めることが重要である。
・事業経費の扱い方は注意を要する。自分感覚の解釈では客観的な経理処理ができないばかりか、周囲からの信用も失う。

・社長室や秘書は、自分が必要と感じたときに備えればよい。「まずは形から」は修行段階の後継者にはかえって仇になる。
・年上の部下には社会人の先輩としての敬意を忘れずに接する。ただし業務における立場上はしっかり線引きして、毅然と接する。

4　後継者の心得《その3》：学習面

・何を学んだらよいか迷ったときは、迷ったことを一通り学んでみる。資格の取得は自身が関わる範囲の最小限で、専門的な内容はその筋の専門家に頼ればよい。
・社会人として改めて学校で学ぶ意義は大きい。とくに「通信教育」は自分の甘えとの闘いの中で学ぶ環境として、良き機会となる。
・書籍は「読み方」に注意する。「良いとこ取り」の読み方は自身の思考が偏る。また、多くの書籍には自分の知りたい「直接の答え」は書かれていない。共感できる内容があれば即実行して検証してみる。

第6幕　明るい未来のために

第5幕まで長々とお読みいただきありがとうございました。事業承継に関する主な内容は第5幕まででお伝えできたと思います。この最終幕では事業承継の「その先」について、将来展望のイメージとなるように、主に私の経験から実践している内容をお伝えします。

仕事でも何でも、ただ闇雲に物事を進めるのではなく「シナリオ」や「青写真」といったイメージを持ち、都度確認しながら進めていくことが大切です。事業承継は良いことばかりではなく、特に最初のうちは多くの方が漠然とした不安な日々を送られると思います。私自身も実質的な事業承継から約6年経過しましたが、「やれやれ」と感じる間もなく日々走り続けている感覚です。

経営者というのは、目立つ結果が出なければそうそう褒められることもなく、逆に些細なことでも問題が発覚すると過度に責任追及を強いられます。経営者の心境を表現するのであれば「嫌なこと9割、嬉しいこと1割」という感覚でしょうか、そうそう気持ちのよい立ち位置ではありません。ただ「嬉しいこと1割」があると、「嫌なこと9割」を大きく凌ぐほどの遣り甲斐や感動に変わります。世の中の経営者の皆様もきっとそんな醍醐味を感じながら、明るい未来に向かって日々頑張っているのだと思います。

それでは、そんな明るい未来を迎えられるために語っていきます。

1　世代交代のために準備すること

先代の事業内容を整理する　― 承継の完了が次の承継のスタート ―

先代が築き上げた事業を後継者が引き継ぐ際の注意点として、別項では「事業を大きく変えてはいけない」という内容に触れました。この場合の「大きく変えてはいけない」というのは、基本的な方針や事業としての歴史や伝統といった事業の根幹部分のことであり、場合によっては見直しや改革が必要となります。それに対して、本項で言う「事業内容の整理」とは各論的な意味合いとして捉えていただければ理解しやすいです。

後継者が事業承継した際に並行して考えなければならないのは、次は自分が承継する立場に変わるという事実です。極端な例を挙げれば、事業承継して間もない時期に不慮の事故などで命を落とす可能性もあり、そのような緊急事態も考慮しながらいつまでも承継側の気分という訳にはいきません。万事を想定して後継者が準備に取り掛かるべきことは、さらに次世代へ円滑にバトンタッチするための、先代から続く「事業内容の整理」です。

私の場合は先代が健在であった事業承継前の段階で、事業内容のある程度の交通整理が出来ていました。先代が健在で事業スタイルをまったく変えず、頑なに旧態依然の状態で営んでいる場合は、一般的には事業承継した後から事業の交通整理を行うこととなります。

どんな事業でも、先代の時代から続く「意味の分からない業務」や「やりたくないのにやらされていた業務」など、現代となっては非効率な決まりごとが少なからず存在します。また業務の中には先代経営者からの指示等により「インチキ」（不正）が横行している場合もあります。どんぶり勘定の昭和時代に起業し「バレるまで続けろ」のような感覚は、戦後の高度経済成長を経験した経営者に多い気質です。情報化社会になり悪事を隠せない環境になった平成・令和の現代に、「バレなければよい」といった旧態依然の感覚では経営は長続きしません。遅くとも後継者の代になったら、そのような誤魔化した業務内容があれば早めに是正しておくべきです。

家業の「歴史」を再確認する
―「変えてはいけないもの」と「変えるべきもの」―

前項の続きですが、とはいえ何でも改革、改善すればよいという訳にはいかず、家業にはこれまで継続してきた「歴史」があり、そこに関わる人たちの想いや努力が詰まっています。たとえ幼いころからその事業を見ていたとしても、事業の歴史や想いまでは後継者であってもなかなか分からないものです。

承継した事業を「途中から」しか見ていない後継者が、変えてはいけないものは「伝統と理念」、一方で変えるべきものは「習慣と教育」です。

「伝統」や「理念」というものは抽象的な場合が多いですが、その言葉には事業の草創期に創業経営者が強く抱いていた「決意」や「覚悟」が込められており、後継者にはなかなか理解できない部分もあります。ただこれらは後継者が絶対に変えてはいけないという訳ではなく、言葉や想いはそのまま引き継いでも「解釈」は柔軟に変えていかなければならない場合があります。別の項でも述べましたが、事業承継の際にはそれまで先代の傍にいた多くの「応援団」とともに後継者の仕事が始まります。後継者が意気込んで改革を推し進めようとしても、知識や経験、スピード感など、周囲が同調してくれなければ後継者が一人で旗を振って走る状況となり、振り返ると誰もいないということにもなり得ます。

「習慣と教育」は草創期のまま継続することはできませんし、むしろ時代や人材に応じて変化させるべきものです。これまでに何度も語りましたが、創業経営者は「自分はこの手法で今まで成功した」と豪語し、なかなか習慣を変えようとはしません。部下の教育に至っては「余計な教育をするな（余分な知恵を与えるな！）」とまで言われる始末です。

創業経営者はいろいろな意味で「変化」を嫌います。それは「変化＝リスク」という想いが根底にあるようで、そういう点では草創期の苦難を知らない後継者のほうが思い切った改革を断行しやすいです。

「余計な教育をするな」と言われる理由は前述のごとく、経営者、特に創業経営者が最も望むのは「イエスマン」の部下です。自己啓発本などではよく「イエスマンの部下に囲まれないように注意」というフレーズを見かけますが、多くの経営者の本心はイエスマンを求めます。その理由は単純で、その方が自分の思い通りに仕事を進めやすいからです。経営者の取り巻きが優秀であることを望む一方で、優秀になって経営者に楯突くくらいなら、単にイエスマンのままで経営者の言うことを聞いてもらった方が楽だからです。私も経営者となり、この想いはとてもよく理解できますが、イエスマンという「ぬるま湯」は私の中でも要注意と認識しているため、極力周囲がイエスマンにならぬように、部下の適材適所と教育を推進しています。

繰り返しますが、後継者の立場で最も大切なのは「事業を潰さない」ことです。そのために守るべきは「伝統」であり「歴史」であることを、改めて肝に銘じるべきです。

事業の永続性を考える　―１００年継続するために必要なことを考える―

家業を事業承継した瞬間から次世代へのバトンタッチが始まります。後継者である自身が苦労して何とか事業承継したのもつかの間、その後も家業の運営や資金繰りに苦労を重ね、とても次世代の経営まで考えていられない日々が続くでしょう。

私がこれまで見てきた「倒産案件」、特に医療関連の倒産案件を大別すると、そのほとんどは「後継者不在」か「資金繰りの悪化」が原因でした。「後継者不在」については本書でも語りましたが、後継者の存在の有無とその適正が影響します。「資金繰りの悪化」はキャッシュを生み出す利益体質になっているか否かで、特に医療の場合は「高度」や「ゆとり」を追求すればするほど赤字になる業種であるということを、実は多くの医療経営者が理解できていないように感じられます。

どんな事業でも同じですが、なかなか理想通りには進まないもので、つい「少しでも良く」という想いが先行してしまい、そのため過剰投資となり、利益が出ていてもキャッシュが貯まらない、いわゆる「黒字倒産」を招きます。倒産してしまっては身も蓋もありません。事業の質や内容以前にまずは事業としての継続が、経営者にとっての最大の使命となります。そのうえで「100年続く事業」にしていくためには、事業に関わる人材の育成と、その時代に応じた「求められる事業内容」を追求していくことになります。

私が参考にしている企業のひとつに「富士フイルムグループ」があります。私の学生時代には富士フイルムといえば「フジカラー」の呼称で有名な銀塩フィルム（写真にセットするフィルム）の会社というイメージでした。その会社が後に「これからの時代はデジカメに代わりフィルムレスになる」と、早々に事業を多角化していきました。その多角化のひとつが私たちの医療業界に関わる事業です。私たちの業種（医業）は国からの規制により、業種的に多角化がやりにくい状態です。そのため事業拡大というと「規模の拡大」になるわけですが、闇雲に規模を拡大することもできず（都道府県により「許可病床数」という、病院の保有ベッド数の制限がある）、だからこそ基本に忠実な経営（要は「無駄遣いをしない経営」）を志していかなければならないのです。他の業種では「秘伝の味」を守り続けるところもあれば、創業時とはまったく異なった事業体に変化しながら守り抜いている会社もあります。それぞれの事業が異なる視点で「１００年継続するには？」を考えていけばよいのです。

２　次はいよいよ自分の番

経営者の「代わり」はいない

私の周囲にも同業（医業）で後継者の立場で頑張っている人がいます。先代経営者の突然の他界によりいきなり経営者となった方や、逆になかなか世代交代が進まずイライラしている方など、いろいろな立場の後継者がいます。

医業を例に挙げれば、個人経営の病院や医院の場合は「経営者＝院長」という「プレイングマネージャー」がほとんどです。私は家業に入った後、後継者の立場から実質的な経営者になるまでの間、一貫して現場からは少し距離を置いた状態で現場と関わりました。周囲からはよく「自分の病院だから院長になってもっと仕事をしたら？」と促されたことがありましたが、家業は事業所が一ヶ所ではなく関連事業所も多数存在しましたので、一部の事業所組織に固定されない状態で（全体を視野にする形で）経営を学ぶ姿勢を貫きました。この姿勢については賛否あり、考え方にもよると思いますが、決して「このようにしたほうがよい」という訳ではなく、自分自身がどのような立ち位置が適切であるかを見極めながら進めていけばよいのです。ちなみに私は、特定の事業所の特定部署に収まるとそのことばかり気になるタイプで、そうなると全体像が見えにくくなるため、適度な距離を保ちながら複数事業全体を眺めるという選択をしました。

この選択にあたっては当時私の指導担当だった顧問税理士のアドバイスもあり、よく聞かされた言葉は「経営者の代わりはいない」でした。

病院という組織のトップである病院長は「マネジメント」の役割を担いますが、経営的なマネジメントよりは、診療部門を統括したり病院運営を支えたりする現場管理的な位置づけが主です。本来であれば「理事長兼院長」は経営と運営を両立しなければならないのですが、実態として多くの病院長は運営がメインとなり「経営は事務長に任せていてよく分からない」という場合が多いのです。

アメリカなど諸外国では、医業においても経営と運営は切り離されていて、日本で言うところの理事長と院長はそれぞれ別の人が担います。私が諸外国に倣ったわけではありませんが、振り返ると医療現場から少し距離を置いた状態で経営管理業務に従事できたことは、結果的に正解であったと感じています。ただ家業に戻った当初は街中の救急病院の第一線で働いていた直後でしたので、せっかく身につけた医療技術や臨床研究などの学術活動もこのまま衰退していくのかという不安がありました。ただ一方で経営関連については現場を少し離れて種々の経験ができて、結果的にはよかったと感じています。

よくよく考えてみれば、私が無理に担わなくても、私より優秀で人望もある病院長はたくさんみえます。同様に、私より優秀な経営者も世の中にはたくさんみえますので、それこそ「餅は餅屋」で任せるべきところは任せて担っていただければよいです。

後継者の立場に置かれている皆様は「自分の代わりはいない」という認識（または決意）を強く抱くことが大切です。

後継者が果たすべき役割とは？

事業承継した後継者が果たすべき役割で、最も重要なのは「事業を継続させること」です。そもそも「事業承継すること」はすなわち事業を継続することです。継続するつもりがない、あるいはその必要がないと考えているのであれば、そもそも事業承継自体が不要となります。

事業承継した後継者は当然ながら、先代と同様に経営する必要はありません。前項で述べたように、良い意味で変えるべきところは変えていくべきです。どの事業にもそれなりの「歴史」があり、事業の歴史や背景をよく理解したうえで、その時代の流れや社会情勢の変化に応じて変えるべき内容を選択すればよいです。

後継者の最大の使命とも言うべき「事業を継続すること」に併せて、事業承継の際に私が注意していたのは「従業員を混乱させないこと」でした。実際には多くの従業員に迷惑をかけながら進めていくわけですが、「経営者が変わったらいきなり現場改革が始まった」となれば、少なからず現場は混乱します。あるいは経営交代した直後に人事の入れ替えなどをいきなり断行すれば、長く貢献してきた従業員に対して過度に不安を煽《あお》ってしまいます。必要に迫られた場合を除き、事業承継の初頭に事業内容や人事を大きく変えるのは極力控え、まずは現場の雰囲気を見ながら穏便に進めるべきです。

このように事業承継後は、先代とは異なる「気遣い」が求められます。「事業承継したらあれもこれもやりたい」と希望に満ち溢れることは大切ですが、自分だけで盛り上がっていても一人で事業は進められません。逆にあまりにも「お任せモード」でも従業員は困惑してしまいます。従業員の理解と協力があってはじめて事業が進められるということを忘れずに、しっかり周囲を見渡した経営を心掛けましょう。

年齢に応じた「人生のシナリオ」を考える

現在の私は経営者としての仕事が中心の日々を送っています。「経営者」と言いながらその実態は経営のプロではなく、置かれた環境でたまたま担っているだけの、ある意味「流れ」で経営業務を担っていると表現したほうが正確です。

別項でも触れたように、時折「経営とは何か？」あるいは「経営者とは何か？」と自問自答しています。

また経営を継続させるための最も重要な点は、まずは自分自身が「心身ともに健康であること」です。いろいろな場面で気持ちと時間の「ゆとり」や「幅」を備えておくのです。決して仕事を手抜きしてサボることを奨めているのではなく、何も問題ないときは余力を残し、有事には全力で対応できるように備えておくことが、組織の危機管理面からも重要です。従業員からも「いつも暇そうですね」と思われるくらいがちょうどよいです。

精神面におけるマインドコントロールも同様です。後継者の多くは先代からの指令等で武者修行的に現場に出ていることが多いですが、あまり現場に入り込み過ぎると、現場から離れるタイミングが難しくなり、結果的には「プレイングマネージャー」の状態になってしまいます。家族数名だけで営んでいる場合はそれでもよいのですが、従業員を相当数抱えている規模であれば、いつまでもプレイングマネージャーは担えません。またプレイングマネージャーはいろいろな面で心身にストレスがかかり、本来の経営者としての業務に支障をきたしてしまいます。前項で述べました「経営者の代わりはいない」という自覚をしっかりと持ち、長い視点で自分自身に無理をしないように調整しましょう。不運にも病気になるとベストな仕事ができません。また余計なストレスを抱え込むと冷静な判断ができなくなります。心身管理は自分自身で調整しなければなりません。

50歳を超えてからの私の当面のシナリオ（課題）は「健康で長生きすること」です。これは決して自分のためではなく家業や家族のためです。せめて子どもが社会人になるまでは、できれば元気で働いていたいと願っています。私自身はこれといった欲もなく、贅沢をしたいとは思っていません。強いて言えば、お金で健康や幸せが買えるのであれば喜んで費やしたいと思っている程度です。

「欲」ではありませんが、私が事業承継をする以前から「寄付」や「慈善」という言葉を意識するようになり、個人的な寄付を毎年続けています。これからも可能な範囲で寄付や義援などを続けていこうと考えています。

そして未来のために

私は実質的な事業承継から6年、部分的な事業承継から数えれば10年が経過しました。いつまでも「駆け出し」という訳にはいかないのですが、振り返るたびに「まだまだ未熟であった」と感じることが多いです。私自身も事業承継を経験し、そうこうしているうちに「次の事業承継」も考えていかなければなりません。特にこの本の執筆を通じて、自身を客観的に「後継者」として振り返ると同時に、経営者として次世代に後継していかなければならない立場であることを実感しています。

この本を手に取っていただいた方々へ、本書の最終項として以下のことをお伝えさせていただきます。

【現経営者の皆様へ】

後継者がある程度決定している現経営者の皆様は、ご自身が心身ともに元気なうちに後継者への事業承継を進めてください。事業がある程度安定している段階であれば、「もうしばらくは頑張れそうだが」と感じた瞬間が事業承継の好機です。逆に「もう少し頑張ってから」や「まだまだ（後継者が）成長していない」と感じられたら、それはいずれ好機を逃します。事業承継する経営者の年齢で言えば、一般的な定年の65歳前後が好機です。それ以上はいくら自信があっても突然の罹患リスクも高まります。「明日は元気かどうか分からない」と考え、後継者へのバトンタッチを具体的に進めるようお願いします。

【後継者の皆様へ】

対して、事業承継を控えている後継者の皆様へは、急いで事業承継を望む前に、特に人との関わりや運営上の問題解決について、より多くの経験を重ねてください。後継者の方から「早く承継してほしい」と感じているうちは、自分はまだまだ未熟であると自覚すべきです。自身の経験値が上がってくれば自然に「そろそろかな」と感じられるときがきます。そのときが事業承継の好機です。自分で望まずに周囲から望まれる次期経営者となっていってください。

最後に一言、

〝多くの事業承継が円滑に進みますことを心より祈願しております！〟

◆第6幕　まとめ

1　世代交代のために準備すること

・事業承継が終わったと同時に、次の承継のスタートとなる。承継した事業をその次の事業承継のために整理しておく。

・後継者にとっては認識の薄い「家業の歴史」を再認識する。その歴史の中で変えてはいけないものと変えるべきものを早い段階で区別し、改善の着手を図る。

・家業を永続的に続けるためには何が必要なのかを、事業承継を機によく考える。

2　次はいよいよ自分の番

・社長や病院長の代わりはいても、経営者の代わりはいない。経営者とは代役が効かないことを強く意識しておく。

・後継者が果たすべき役割で最も重要なのは、事業を潰さないことである。

・年齢に応じたシナリオを考える場合に、年齢により自分の立ち位置がどのように変化していくかを想像する。事業承継後間もないのであれば事業の成功のシナリオを想像し、事業承継後の元経営者であれば健康に人生を過ごすための準備が大切である。

・現経営者は事業承継のタイミングを若干早めに設定し、後継者は来る事業承継に向けて学びや経験を重ねる。

おわりに

―幸せな私からのメッセージ―

唐突ですが、読者の皆様は「何をもって成功したと言えるか？」について、どのように考えているのでしょうか。

『Think Smart』（ロルフ・ドベリ著、２０２０年）によれば、成功するということは「失敗の要素が無くなったとき」と書かれており、これは私が日ごろから実感していることとまったく同じです。一般的に「成功した」と感じるときは、目標とする何かの到達点に達した場合（試験に合格するなど）か、逆に失敗する要素が無くなった場合（結果的に病気を患わずに健康で過ごせたことなど）のいずれかであり、私は事業においては後者に重点を置いて考えています。

現時点では私は経営者として、幸いに事業承継やその後の事業経営は「成功した」と感じていますが、その主な理由は何か大きなことを成し遂げた訳ではなく、幸いに「大きな失敗がなかった」ということです。世紀の大発見をした訳でもなく、大きな実績を残した訳でもない、ただ大きな混乱なく経営交代が進められた結果です。事業承継に際しては従業員をはじめ、家業に関わる多くの皆様に支えていただけただけでも、私の中ではこのうえない「成功」（または「感謝」）と捉えています。「無能な私に多くの方からのお力添えをいただけた」。それだけでも十分に成功したと思うのです。

私は50歳を過ぎ、今後は健康面の不安も出てくる年齢へとさしかかっていきますが、幸い今のところ大病もなく、お陰様で家族も健康に暮らしています。円滑な事業承継にも大いに幸せを感じながら、それ以上に健康で過ごせていることが最大限の幸せです。自分が幸せと感じられる間は、これからもできる範囲で社会に貢献していければと考えています。

さらに「幸せ」を加えるなら、この拙稿に目を通していただいた方々が本書を機に円滑な事業承継を実現できれば、これもまた最大限の幸せになります。

最後に、出版元である桜山社・江草さんとの出会いを振り返り、本稿を終えたいと思います。

２０１７年1月、「一人出版業はじめの一冊　名古屋　桜山社の江草さん」と紹介された新聞記事が目に留まりました。読書好きな私が「一度は本を書いてみたい」と思っていた矢先でした。記事を読んですぐホームページを拝見し、江草さんに「執筆を考えている」旨のメールをその日の朝に送りました。後日「名古屋といえば！」のコメダ珈琲店でお会いすることとなったのです。

私は喫茶店に少し早めに出向き、到着を待ちました。「どんな感じの方なのか？」と期待に胸を膨らませ、しばらくすると江草さんが見えました。穏やかで優しい雰囲気の江草さんは、初対面でありながら私の出版に対する想いを微笑みながらじっくり受け止めてくださいました。会話の中で江草さんは過去に一度家業を手伝っていた時期があり、お父様と（仕事上の）馬が合わず、家業を飛び出しサラリーマンとして一から出直し、経験を積まれ現在の桜山社を起業されたと話されました。そのようなご経験もあり、私が書こうとしていた内容を興味深く聞き入れていただいたのです。

出会った当時、江草さんは独身でした。本書でも「結婚すること」の意義については大いに語りましたが、結婚を足踏みしている江草さんに「婚姻届を今から出しても1年後に出しても大差ないから、すぐ役所へ！」と私の実体験を交えてアドバイスさせていただいたことがありました。もちろんそれは極端なアドバイスでしたが、その1年後にめでたく結婚の報告をいただいたときは自分のことのように嬉しく感じました。今は素敵な奥様と仲睦まじく過ごしてみえます。

初めてお会いしてから、２０２０年3月初旬の初稿完成まで、途中の経過はメールで連絡を取り合い、ときどき面会して直接原稿の進捗を確認していただきました。世の中「コロナ」一色のなか喫茶店に出向き、お互いにマスク姿で最終段階の打ち合わせを行いました。実は当初、大変失礼ながら「一人出版社の方に任せて本当に本が完成するのだろうか？」と若干の不安を抱いていましたが、やりとりを重ねていくにつれ、当初の良からぬ不安は徐々に薄まり、やがて完成を確信するまでになりました。「コロナ」の影響でいろいろなことが停滞しているなかでも、私の拙い文章を客観的に正していただくとともに、表紙デザインや帯のコピー、本のレイアウトなど、書籍の完成に向けて着々と準備を進めてくださっていました。

こうして江草さんとの出会いから3年以上を経て、私にとって初めての単独著書の完成に至りました。江草さんのアドバイスもあり、私の想いをできる限りそのままの文面で読者の皆様へお伝えできるよう配慮いただきました。拙著の出版に多大なるご尽力を賜り心より感謝しています。

よく晴れた朝の富士山と安倍川（新幹線車内より筆者撮影）

篠崎　仁史（しのざき　ひとし）

１９６７年愛知県生まれ。医療法人グループ代表理事長。医師、博士（医学：藤田医科大学）、学士（法学：慶應義塾大学）。リハビリ専門学校非常勤講師、藤田医科大学医学部客員教授。

中学生から始めたバスケットボールに熱中した学生時代を送る。大学卒業後は、大学病院に勤務しながら大学院に進学し研究に従事。

34歳より家業の病院業務に入り、日常診療と並行して、先代経営者（実父）の後継者として顧問税理士による経営指導（税務、財務を中心に）を仰ぐ。赤字同業他社の経営交代（Ｍ＆Ａ）により、39歳で自身初の法人代表に就く。その後家業の経営交代を部分的に進め、47歳（２０１４年）のとき先代経営者が他界し実質的な事業承継を迎え、医療法人グループの代表となる。３０００人を超える従業員に支えられながら現在に至る。

著書に恩師との共著『横から診る心電図』（２０１７年）、『矢印で考える高齢者病態関連図』（２０１９年）がある。

趣味はスポーツ（バスケットボール）、読書、金魚の飼育。愛娘が金魚すくいで持ち帰った金魚が産卵し、今では2世代の金魚親子とメダカ親子の世話をしている。

装丁　三矢千穂
扉絵　篠崎玲奈

直球で伝える事業承継
次世代へつなぐ〝穏やかな引き継ぎ〟
2020年7月31日　初版第1刷　発行

著　者　篠崎仁史

発行人　江草三四朗
発行所　桜山社
〒467-0803
名古屋市瑞穂区中山町5-9-3
電話　052（853）5678
ファクシミリ　052（852）5105
https://www.sakurayamasha.com

印刷・製本　モリモト印刷株式会社

ISBN978-4-908957-12-3 C2034

桜山社は、
今を自分らしく全力で生きている人の思いを大切にします。
その人の心根や個性があふれんばかりにたっぷりとつまり、
読者の心にぽっとひとすじの灯りがともるような本。
わくわくして笑顔が自然にこぼれるような本。
宝物のように手元に置いて、繰り返し読みたくなる本。
本を愛する人とともに、一冊の本にぎゅっと愛情をこめて、
ひとりひとりに、ていねいに届けていきます。